KB206904

포스트휴먼

: 담론으로 만들어진 존재

이 학술저서는 2019년 대한민국 교육부와 한국연구재단의 지원을 받아 수행
된 연구임(NRF-2019S1A5C2A04082405).

지은이 **김휘택**

중앙대학교 불어불문학과를 졸업하고, 프랑스 파리 10대학에서 텍스트 언어학으로 박사를 취득하였다. 2009년 중앙대학교 문화콘텐츠기술연구원 연구교수로 재직하였으며, 2015년 중앙대학교 창의ICT공과대학 융합교양학부 교수, 2018년부터는 중앙대학교 유럽문화학부 프랑스어문학 전공 교수로 재직 중이다. 유럽의 다문화 현상과 문화다양성 연구에 꾸준히 매진하고 있으며, 포스트휴먼과 관련된 현상에 인문학적 시각으로 독서와 논문 집필을 계속하고 있다.

포스트휴먼

: 담론으로 만들어진 존재

© 김휘택, 2025

1판 1쇄 인쇄_2025년 05월 10일
1판 1쇄 발행_2025년 05월 20일

지은이_김휘택
펴낸이_양정섭

펴낸곳_경진출판
　　　등록_제2010-000004호
　　　이메일_mykyungjin@daum.net
　　　스마트스토어_https://smartstore.naver.com/kyungjinpub (경진출판 예서의 책)
　　　사업장주소_서울특별시 금천구 시흥대로 57길17(시흥동, 영광빌딩), 203호
　　　전화_070-7550-7776　팩스_02-806-7282

값 16,000원
ISBN 979-11-93985-76-2 93120

※ 이 책은 본사와 저자의 허락 없이는 무단 전재나 복제, 광전자 매체 수록 등을 금합니다.
※ 잘못된 책은 구입처에서 바꾸어 드립니다.

포스트휴먼

: 담론으로 만들어진 존재

김휘택 지음

1. 포스트휴머니즘을 공부하면서: 아주 개인적인 소회

포스트휴머니즘에 관심에 둔 것이 벌써 십여 년이 되어 간다. 텍스트언어학이나 다른 사회적 문제들로 가득 차 있던 나의 머릿속은 이 주제로 어느 정도 정리가 되어 갔다. 그 관심은 내파처럼 모든 생각하던 대상이나 내용을 쉴새없이 빨아들였다. 포스트휴먼에 대한 논의는 완전히 증명된 과학도 아니고, 실체 없는 담론도 아니다. 모든 논의가 너무 과학적이거나, 너무 이론적이었다. 소수자 문제도 어느새 세를 키워가고 있었다. 이 논의에서 이도 저도 아닌 중간을 택하기는 어렵다. 논문을 쓰는 때는 더욱 그렇다. 그렇다고, 과학과 과학기술을 완전히 이해할 수 있는 것도 아니었다. 기술을 잘 아는 학자들과 같이 글을 쓰는 일도 성미에 맞지 않았다. 결국 내가 연구의 관점을 설정하고, 그 관점으로 포스트휴먼을 보지 않으면, 남의 손을 빌릴 수밖에 없다. 예전처럼 열심히만 하면, 뭔가 될 수 있을 것 같은 나만의 착각도 마음을 불편하게 했다. 되는 대로, 주제를 세워놓고 논점을 흩트리지 않으려고 노력했는데, 가끔은 사변적으로 흐르기도 한다. 포스트휴먼의 저자들이 다룬 여러 이론을 가지치기 하듯이 다시 책으로 읽어보고 정리를 반복한다. 읽어도 잘 이해되지 않는 것이 많지만, 몇몇 개념들은 이 기회가 아니면 다시 살펴보지 못했을 것이다. 관점에 따라서 근대 인간의 모습, 초현실주의, 몸에 관한 이론들, 인지에 관한 이론들, 뇌 과학에 관한 이론들을 알게 되었다.

이 연구를 하면서 정말 신기했던 것이, 문학에 대한 새로운 관심을 가지게 되었다. 소설 읽는 것을 좋아하면서도, 문학의 일이라 생각해서 독서에만 매달렸는데, 결국 문학사상에도 닿게 되었다. 프랑스 문학에 대한 이론들이 그 자체로 사상이기 때문이기도 했다. 바르트의 글들을 나름의 맥락으로 열심히 읽어보려고 하고 있는데, 그 영향도 있었을 것이다. 재현한다는 것이, 담론과 밀접히 연결되어 있기도 하다. 포스트휴머니즘은 아직 있지 않은 존재에 대한 논의이다. 과학이 지금까지 거둔 성과들을 총집결하여 포스트휴먼은 담론으로 구축되어 가고 있다. 포스트휴머니즘은 다양한 분야에서 각기 다른 관점으로 연구하고 있어서, 연구를 하면서 상대적으로 눈치 보지 않고 나의 입장을 견지할 수 있었던 듯하다. 이 연구를 통해, 자유롭게 읽고 인용하며 논리를 쌓아가는 일이 좋았던 것 같다. 다양한 책들을 읽다 보니, 그간 꽂아두었던 소설들에도 손이 갔다. 언어학을 공부하면서 느끼지 못했던 자유로움이 있었다. 그냥 공부하는 것, 그냥 책을 읽는 것으로부터 오는 즐거움을 오랜만에 느꼈다.

포스트휴머니즘에 대한 사고의 폭이 너무나 방대하다 보니, 생각을 정리하면서, 묻어두었던 것들을 꺼내는 것이 어색하지 않았다. 미지의 무엇인가를 알아가면서, 나름의 방식으로 해석하는 일이 즐거웠다. 맞지 않는 언급들은 과감히 삭제했지만, 더 충분히 정보를 전달하는 일로 나는 또 다른 집중을 할 수밖에 없었다. 나의 의도된 허술함이 지적받을 때도 그다지 아프지 않았다. 잘못된 사고들의 조합도 은유라고 생각하고, 이 은유를 어떻게 자연스럽게 받아들이게 할지 생각하는 일로 시간을 보냈다.

많은 지적이 다음 논문의 주제가 되기도 했다. 수없이 많은 개념을 잘 설명할 방법을 찾는 일, 그리고 그럴듯하게 만드는 일은 학자가 가지는 즐거움이다. 이 연구를 하면서, 서양서들을 번역한 학자분들께 혹은 전문 번역가들께 깊은 감사를 드린다는 말을 꼭 해두고 싶다. 이 분야에 처음 발을 들이면서, 아무런 길라잡이가 없었는데, 그 번역서들은 우리보다 먼저 시작된 서양의 관련 논의를 잘 설명해 주었다. 번역서 중에는 절판된 것들도 많이 있지만, 지금도 계속해서 좋은 책들이 번역되어 나온다. 지금은 이 번역서를 종합하면서, 우리나라에서 탁월한 연구서들이 많이 나오고 있다. 이 연구들을 읽으면서, 나는 포스트휴머니즘이 한국에서는 한국적 맥락으로 길을 잘 찾고 있다는 생각이 든다. 요즘은 한국에서 출간된 책들을 더 많이 보게 되는 듯하다. 포스트휴머니즘에 대한 연구와 관련해서 연구들이 많이 나오고 있음에도 다 읽고 이해하지 못하는 것은 나의 게으름 탓일 것이다.

포스트휴머니즘에 관한 연구를 살펴보면서, 기존의 문학, 철학, 사회학, 과학 등의 논의들이 새로운 맥락으로 재조명되는 현상이 흥미롭다. 해체되었다고 선언된 근대의 인간이 나아갈 방향이 이 분야에서 제시된다. 근대의 인간이 해체되는 과정을 다시 검토해야 하고, 이를 지금의 인간 개념, 그리고 상정되는 포스트휴먼과 이어야 하는 일이 주요한 연구과제가 되었다. 사상의 한 페이지를 넘기게 했던 시대의 역작들도 다시 읽게 되어 가슴이 벅찼다. 일단 읽고 나면 대략의 내용을 가지고 언급하기 십상인데, 새로운 맥락으로 읽어야 하니, 일부라도 상당량을 다시 읽을 수밖에 없었다. 이런 연구를 통해 인간이 세상을 바라보는 방식을 조금이나마 다시 보게 되었다. 그 책들은 왜 인간이 완전하지 않은지 알려준다. 너무나 간단한 실험에서부터 계보학과 같은 지난한 작업도 그 불완전성을 지적한다. 인간은 완전하지 않다. 사실 완전함을 보여주는 실체도 없다. 계속 상정해 갈 뿐이다. 그 작업을 멈출 수 없어서, 그러고 싶지 않아서, 자신을 다그치는 게 인간이다. 더 잘 보고, 듣고, 이해하려고, 불가능한 일들을 가능한 것으로 만들기 위해서 인간은 쉬지 않고 달려간다. 우리 다음의 인간의 인간을 '포스트휴먼'이라고 한 것도 그런 이유에서일 것이다. 포스트휴먼이 되었다고 생각한 순간, 포스트휴먼은 새로운 모습으로 나타난다. 어디든 도달할 수 없는 안

타까운 인간은 그것을 동력으로 매일 매일, 한 해 한 해를 살아간다. 다음 포스트휴머니즘은 인문학이 어떤 다른 학문과 관계 맺게 될지 궁금하다.

2. 포스트휴먼을 통해 인간을 돌아보다

기술의 발전, 특히 4차 산업혁명은 인간의 삶을 획기적으로 바꾸는 계기가 되었다. 이전의 산업혁명들을 통해 인간은 생산력, 공간, 시간 등의 제약을 차례로 벗어날 수 있었다면, 4차 산업혁명은 과학기술이 '새로운 인간'을 만들 수 있다는 가정을 거리낌 없이 낳았다. 인간은 수없이 많은 시간을 거쳐야 하는 진화를 자신이 만든 기술을 통해 이루고 있다. 이렇게 만들어진 인간이 바로 포스트휴먼이다. 이 포스트휴먼의 삶을 기술하는 것이 포스트휴머니즘이다. 네안데르탈인과 호모사피엔스가 공존했던 시절처럼, 포스트휴머니즘은 인간과 포스트휴먼의 공존을 상정하기도 한다. 네안데르탈인처럼 되지 않기 위해서 호모사피엔스는 계속해서 디스토피아의 위험을 너무나도 현실적으로 재현한다.

인간은 생각할 수 있을 뿐, 결핍으로 가득 찬 존재이다. 인간의 역사는 결핍을 채워나가려는 끊임없는 노력을 기록해 놓은 것일 수 있다. 이제 인간을 둘러싼 기본적 굴레, 죽음, 시공간의 제약은 이제 전제가 아니라 난제가 될 만큼, 인간의 대담함은 끝을 모르고 뻗어가고 있다. 기술의 발전은 경쟁을 멈추지 않고, 이제 시공간의 제약은 인터넷을 통해 풀어냈다. 이제 슬슬 죽음의 한계를 향해 도전을 시작하고 있다. 이미 상상은 시작되었다. 생리적 몸이 필요 없는 시대를 재현한 영화들이 속속 개봉되고, 관객은 그럴듯하게 느끼기 시작했다. 이제 혼란은 시작된다. 전원을 켜면 존재하는 인간, 영화 〈트랜센던스〉에서 뇌가 컴퓨터에 업로드된 윌 박사와 처음부터 인공지능으로 만들어진 〈아이언 맨〉의 자비스는 어떤 차이점이 있는지 알 수 없다. 오히려 자비스가 몸이 없는 인간으로서는 더 나은 삶을 살고 있는 것은 아닐까 하는 의문이 머리를 떠나지 않는다.

지구상의 다른 존재, 즉 동식물, 곤충에 이르기까지 인간보다 훨씬 더 나은 인지능력과 힘을 가진 생물들은 지구에 수도 없이 많다. 인간은 자기에게 부족한 능력을 새로운 발전의 힘으로 삼는다. 공감각 한계는 인간을 더 나은 기술을 가지게 만드는 데 활용된다. 예를 들어 시각적 한계는 영상기기, 애니메이션 등의 기술이 현재까지 발전할 수 있는 바탕이 되었다. 더 나아가 포스트휴먼 적응해야 하는 삶의 조건 중 하나인 가상 세계에서 살아가려면, 어느 정도의 감각적 한계는 필요하기까지 하다. 그렇지만 인간은 그 결핍을 모두 해소할 수 있는 때를 꿈꾼다. 그래서 자기의 몸을 탐구하고, 자기 몸과 닮은 새로운 존재를 고안하기도 한다. 트랜스휴머니즘은 그런 인간의 욕망으로 인해 상정된 미래 인간의 모습이었다. 인간은 대화형 인공지능 서비스에 환호하면서 미래 산업에 그것이 할 수 있는 역할이 무한하다는 것을 모두 수긍하는 것 같다. 다만, 그 속내는 복잡하다. 그 인공지능이 '서비스'라는 것에 만족할 것인지, 그 인공지능을 공존해야 할 타자로 인정할 것인지, 그렇다면, 새로운 존재와 어떻게 공존할 것인지가 복잡한 논의들을 새로 만들어내고 있다.

우리가 놀라는 것은 다른 이유 때문이다. 포스트휴먼과 인간을 비교하는 논의들이 확산하고 있기 때문이다. 지금까지 모든 인간 이외의 타자와 자신을 비교하던 인간은 자신의 우월성에 도취되어 있었다. 두 번의 전쟁을 거치면서, 근대적 이성의 견고한 성곽은 무너지기 시작했다. 이 완전한 인간이 무너지던 시기에 인간은 자기의 정신과 자기의 몸을 해체하기 시작했다. 인간은 인간을 타자화한다. 그리고 과거의 자기는 자기가 아닌 것처럼, 과거의 자기를 비판한다. 과거의 자기가 만든 사상, 문화, 삶의 방식을 비판한다. 그러면서, 해체된 인간이 어디로 가야 하는지 아무도 말하지 않았다. 그 이후에도 분쟁은 계속되었고, 나아갈 방향이 없는 인간은 정체를 드러낸 채로 예전처럼 지구를 호령하고 있다. 해체를 주장하고 이성의 완고함을 비판하는 사상들은 마치 슬픈 인간들을 달래는 비 오는 날 발라드 음악과 다르지 않다. 반성문 이후에 달라지지 않았던 포스트휴먼을 상정하게 되었으며, 이 포스트휴먼은 인간의 결핍을 채우는 완벽한 이상적 인간을 표상한다. 이제 인간은 어느 정도는 구체화된 이 새로운 존재를 기준으로 다시 자기를 돌아본다. 그렇다고,

인간이 자신을 두고 퇴행적인 상상을 한다는 것은 아니다. 물론 그런 상상이 있기는 하다. 디스토피아와 유토피아를 상정하는 일이 바로 그것이다.

3. 유토피아 혹은 공존

유토피아가 어떤 세상인지 정확히 정의하지 못한다. 인간의 삶의 제약을 모두 벗어버리고 완벽한 자유의 상태라고 이야기할 수 있을지도 모르겠다. 우리가 잘 알듯이 모든 제약에서 벗어나는 일은 신의 영역이다. 하지만 디스토피아로 가지 않으려는 인간의 자기 단속은, 인간이 현실에서도 상상에서도 최악의 상황을 가정하고, 그것을 재현하며, 스스로 익숙해지는 것으로 수행된다. 마치 공포영화를 자주 보면, 익숙해지는 것처럼 말이다. 공포영화를 싫어하는 사람은 전혀 보지 않는다. 하지만 디스토피아의 서사는 가공의 냄새를 풀풀 풍기는 공포영화보다 더 그럴듯하다. 전혀 살아보지 못한 미래의 세계는 기술의 발전이 도달할 수 있을 것 같은 그런 세상이다. 공포영화같이 어둡지만, 그래도 한 번은 책, 미디어, 혹은 미래학자의 입을 통해서 들었을 것 같은 기시감으로 인해, 사람들은 재현된 세계를 겪지도 않고 그럴듯하다고 생각한다. 역사적으로 알려진 작품들과 대중에게 큰 충격을 작품들은 아낌없이 인용되고, 아류작들도 횡행하고,

무엇보다 그 작품에 등장한, 포스트휴먼이라 불릴 만한 새로운 인류에 관한 설왕설래는 경계를 알 수 없이 확산한다.

인간이 디스토피아를 추구하지는 않는다. 인간은 자기 최대의 업적이 의도치 않은 실수가 되어 버리는 상황, 즉, 자기가 만든 사이보그들을 다 관리할 수 없어서 세워놓은 거대 컴퓨터가 세상을 지배하는 상황을 상정한다. 이럴 수도 있지 않을까에 대해 의심하는 일은 사실 그리 허황한 것도 아니다. 인간이 상상하던 일은 과거부터 현재까지 계속 실현되어 왔기 때문이다. 휴대용 기기로 통화하고, 동영상 보고, 일 처리하는 세상은 누구도 상상하기 어려웠다. 하지만 실현되었고, 이런 기기들을 만들었던 경험으로 이제 새로운 존재를 창조하고 있다. 상상은 한없이 뻗어나가고, 이제 인간은 이 새로운 존재와 같이 살아가는 방안에 대해 고민한다.

인간과 자기가 창조한 존재를 맞이하려고 만반의 준비를 하려는 것 같다. 인공지능 윤리, 인공지능과 관련된 법적 문제, 인공지능 시대의 쓰고 읽기 문제가 총망라되어 서점과 뉴스를 복잡하게 장식하고 있다. 이들 주장에 일관성은 없다. 한 주장이 나오면, 그 주장을 보충하든지, 비판하든지 하는 식이다. 어쨌든 이들 논의는 현상 비평에서 한 걸음 나아갔다는 사실은 인정하자. 같이 살아야 하는 인간과의 관계, 공간에서 지켜야 할 규칙, 의도든 아니든 법률을 어겼을 때의 처벌, 서로 오갈 수 있는 다양한 폭력과 소외를 해소할 방법, 이 모든 것이 공존의 조건이다. 하지만 이러한 것들이 지금 다 정해졌다고 해서, 다음에 올 시대가 유토피아라고 단정하지는 말자.

유토피아는 말 그대로 이데아, 이상향이다. 유토피아가 상정되는 것은 인간의 욕망 덕분이다. 누구나 유토피아를 맛볼 수 있다. 가능성이 있기 때문에 더 도달할 수 없는 곳, 순간 그곳에 도달했다고 느끼지만, 그 순간은 이내 추억이 되어 버리는 곳이 유토피아다. 지금의 모든 결핍이 사라졌다고 느껴지는 곳, 그곳을 향해서 모든 준비를 마친다. 그렇지만, 정작 그 시기가 오면, 일상이 되어 버리는 현실을 알면서도 꿈꾸는 것이 인간의 운명이다. 그 운명은 굴러떨어질 것을 알면서도, 매일 산 정상으로 돌을 굴려 올리는 시지프와 같다. 디스토피아의 공포는 일종의 협박이라고 해두자. 미리 만들어 둔 위험을 팔아넘기는 상인들은 경험상 유토피아는 그릴 수 없어도, 인간의 가장 처절한 모습을 그리는 것에 익숙하다.

4. '지금'이 아닌

진화의 특징은 한번 겪고 나면, 다시 진화 이전으로 돌아갈 수 없다는 것이다. '포스트휴먼'이라는 인간상도 계속 쫓아야만 하는 이데아와 같다고 생각한다. 결국, 인간에 관한 이야기이다. 과거에 인간에 대한 논의가 인간 자체에 관한 의구심과 완고한 이성에 대한 반성을 향해 있었다면, 포스트휴먼에 대한 논의는 앞으로의 인간에 대한 전망으로 나아간다. 미래 지향적이라는 긍정적인 말보다는 여태 현재와 과거에 매달려 있기보다, 자기를 해체하고 자기의 부족한 점을 보완한 미래의 인간을 상정했다는 점에서 우리의 사고가 진일보하고 있음을 느낀다. 물론, 우리의 방향이 혼란스러울 수 있고, 방향의 오류를 의심할 수는 있으나, 그렇다고, 영화에 나오는 암울한 디스토피아를 현실인 것처럼 착각할 필요는 없다. 우리는 두 번의 세계 대전을 겪으면서도 아직 평화를 이야기하고 있기 때문이다. 완벽한 평화도 포스트휴먼과 마찬가지로 이루지 못할 이데아지만, 그래도 사람들은 누군가가 일으킨 처절한 불행 속에서도 끊임없이 평화를 꿈꾼다. 어쩌면 포스트휴먼에 대한 논의는 지금의 인간이고 싶지 않아서 다른 인간을 꿈꾸는 것일지 모른다. 다양한 논의들이 오가는 것은 좋은 일이다. 인문학도 여기서 새로운 활로를 찾은 듯하다. 인문학자들과 다른 사회과학자들, 공학자들이 섞여 미래를 논하는 자리가 많아졌다. 서로를 이해하려는 자세도 진지하다. 서로의 관점이 다르다는 것도 이해한다. 이 주제를 통해서라면, 모든 학자들이 머리를 맞대고 미래를 한번 생각해 봐도 될 듯하다.

이 책을 펴내면서, 많은 이들의 도움이 있었다. 우선 연구하는 데 격려와 도움을 아끼시지 않는 이산호 교수님께 감사드린다.

곽민석 교수님은 항상 지지해 주시고, 학문과 삶의 길을 알려주신다. 아내 문영애와 딸 김민주에게도 고맙다. 공부라는 것이 시간을 몰아 과업을 행하는 일이 아니라서, 밤을 새우는 일도 많고, 평일이나 공휴일을 가리지 않는다. 넓은 마음으로 이해해 주는 가족들에게 고맙다. 시절이 시절이라 다들 연구와 교육으로 바쁜 일이 많다. 항상 연구에 관심을 가지시고, 좋은 제안을 많이 해주시는 주위 동료 여러분께도 고개 숙여 감사드린다.

차 례

포스트휴먼 담론과 새로운 인간상의 형성

1. 기술의 발전과 진화의 새로운 개념

과학기술의 발전은 전 지구적인 삶의 조건 변화를 예견하는 데 주요한 역할을 한다. 지구온난화와 같은 예측할 수 있는 환경 재앙은 실제로 기후협약이나 탄소배출권과 같은 정치 경제적 영역으로 넘어가 버린 듯하다. 기술 발전이 인간의 삶을 변화한 것은 확실하다. 모바일 통신수단의 발전은 인간의 일, 소비, 교육 등을 포함한 모든 '일상'을 완전히 변화시켜 놓았다. 인간의 진화가 스스로 만들어낸 도구와 깊은 관련이 있다는 것은 그 도구가 인간의 감각을 알 수 없이 확장하고 있기 때문이다. "우리의 생물학은 기술과 밀접하게 결부되어 있다"(섀드볼트·햄프슨, 2019: 131)는 말은 이미 인간은 본래 의미의 사피엔스가 아니라는 점을 확신하게 만드는 데 부족함이 없다. 나이절 새드볼트(Nigel Shadbolt)와 로저 햄프슨(Roger Hampson)은 인간을 다시 '디지털 유인원'으로 규정한다. 이 디지털 유인원은 문화적 환경 속에서 발생한 새로운 인류라고 할 수 있다. 전통적 의미에서 진화는 자연환경에의 적응과 유전자와 관련된다. 여기서 적자생존은 사회적 의미에서의 소외가 아니라면, 완전한 종족의 소멸을 가리키는 것은 아니다.

모든 인간은 기술과의 긴밀한 동반자 관계 속에서 기능하도록 설계되어 있다. 인간의 모든 집단과 인간이 만든 모든 네트워크도 마찬가지다. 집단과 네트워크가 그런 식으로 기능할 수 있는 것은 기술을 수용하면서 생겨난 기능 덕분이다. '증강(augmentation)'은 훨씬 동시대적인 주제다. 우리는 현재 거의 모든 감각을 기하급수적으로 확장할 수 있다. 하지만 그것은 우리 생활의 새로운 부분이 아니다. 그것은 우리가 우리이기 이전부터 우리와 함께 있었다. (새드볼트·햄프슨, 2019: 131)

이 글을 통해 알 수 있는 것은 '우리'라고 불리는 인류는, 너무나 당연한 말이지만, 계속해서 진화해 왔고, 이후 세대의 인간을 상정한다면, 계속 유인원의 상태에 있다는 것이다. 다만 진화 속도는 더욱 빨라지고 있으며, 인간이 진화를 의식하는 일은 불가능에 가깝다. 이제 인간은 기술과 동반자의 관계라기보다는,

그 삶이 기술 발전에 압도당하며, 기술에 의존할 수밖에 없다.[1] 그런데도 인간은 계속 진화의 방향과 결과를 담론 차원에서 상정한다. 그 결과, 계속해서 미래의 인간상이 제시된다. 그리고 인간이 이룬 유전학과 알고리즘 제작의 성과를 생각했을 때, 이 인간상은 실제로 지향되고 있으며, 심지어 제작되고 있다고도 말할 수 있다.

그렇다면 두 가지 '인간'이 상정될 수 있을 것이다. 발전하는 과학기술에 의해 실제로 개조되고 만들어지는 인간과 인간이 상상하거나 창조하는 인간, 즉 담론을 통해 존재하는 인간이 그 것이다.[2] 이 글에서는 이 두 가지 인간 모두 지금의 인간이 지향

---

1) "[사이보그에 관한] 연구는 대부분 '신체 안'에 있기보다는 기술이 있는 곳에 존재한다. 하지만 연구를 통해 육체의 기능을 향상시킬 수 있다. 이러한 사실에서 우리는 어떤 유형의 기술적 업그레이드가 가능할지, 이식 장치와 함께 사물을 더 깊이 탐구하여 우리가 얻을 수 있는 건 무엇일지 연구아이디어를 얻었다."(워릭, 2004: 187) 즉, 사이보그나 기술에 의한 인간의 강화가 인간의 몸 자체에 관한 방대한 연구를 통해 이루어지지 않는다는 것을 알 수 있다. 인간이 몸에 관해 가지고 있던 고정관념은 과학보다는 초현실주의와 같은 예술적 상상을 바탕으로 의심받는다.

2) 이 두 종류의 인간은 어떤 측면에서는 개념적으로 서로 겹치기도 한다. 이러한 현상은 기술 발전이 매개하기 때문에 가능하다. 우선, 인간은 부지불식간에 진화되고 있다고 생각하지만, 최근에는 거대 IT 기업들은 인간을 이해하는 알고리즘을 만들고자 한다. 이런 노력은 인간을 놀라게 하는 데는 충분히 성공한 것처럼 보인다. 인간은 자기가 가지지 못한 능력을 새로운 인간에게 상정하고, 그러한 인간이 되기 위해, 혹은 만들기 위해 노력하고 있다. 인간을 이해하려는 기계와 인간이 추구하려는 새로운 인간은 충분히 개념적으로 수렴한다. 다음 글을 보자. "인간을 이해하는 인간을 이해하는 컴퓨터의 능력 또한 향상되고 있다. 현재 구글이 진행하고 있는 중요한 프로젝트 중 하나는 컴퓨터에게 콘텍스트, 즉 컴퓨터가 우리에 대해 알고 있는 것을 유용한 정보로 전환해서

하는 바를 담고 있다는 데서 논의를 진행하고자 한다. 이 지향점을 인간상(人間像)으로 규정하고, 이 형상이 포스트휴먼의 논의에서 다루어지는 방식을 살펴보고자 한다.

포스트휴먼 논의에서, 새로운 인류는 지금의 생물학적 인간과는 신체적, 인지적으로 다르다. 포스트휴먼을 예로 들지 않더라도, '다른 존재'는 이 세상에 이미 존재한다. 인종, 성별, 신분 혹은 경제적 계급과 계층, 장애 등 인류가 만든 다름을 표시하는 말들이 언어에 새겨져 있다. 가치판단을 떠나 '다름'이 사회에 존재한다는 자체가 항상 변화 혹은 혁명의 구실이 된다. 이 다름은 대부분 생득적인 이유로 발생한다. 다양성 인정에 관한 관심과 요구는 지속적으로 요청되고 있으며, 보이지 않는 차별 혹은 배제의 장벽은 계속해서 지워지고 있다. 새로운 존재, 로봇 혹은 인공지능도 이제 인간과는 다른 존재로서 사회에서 진입했다. 이들이 새로운 존재인지, 도구인지 아직 정확히는 규정되지 않은 듯하다. 그들을 도구로 다룰지, 인간과 같이 한 존재로 대할지에 관한 논의는 아직도 흥미로운 주제이자, 풀어야 할 문제이다.

적절한 시간과 장소에 적용하는 방법을 가르치는 것이다. 구글의 연구 및 특별 사업 부문 부사장 앨프리드 스펙터(Alfred Spector)는 "우리가 무엇을 알고 싶어 하고 언제 알고 싶어 하는가에 대한 이해 없이는 시스템이 능력을 발휘하기 어렵다. 우리는 이제 막 그런 시스템을 효과적으로 운영하는 단계에 들어섰다"면서 다음과 같이 덧붙였다. "우리의 가장 좋은 친구들도 때로는 우리의 기분을 잘 이해하지 못한다. 그것은 가장 어려운 도전 중 하나다".(노왁, 2015: 27)

2. 만들어진 인간의 위험

포스트휴먼 담론에서 로봇들은 분명히 인간과 비교선상에서 논의되고 있다. 이 기계 인간은 만들어지고, 개선되고, 다시 한 차원 더 높은 수준의 기계가 된다. 스스로 생각하고 판단하는 로봇은 만들고자 하는 것인지, 인간의 제어를 넘어 그 수준에 이른 것인지 확실하지 않다. 이 불확실성으로 인해, 인간은 자기가 만들고 자기 일을 대신하는 기계에 관해 상상하고, 그 상상의 끝에 기대와 공포를 뒤섞어 놓았다. 애니메이션, 영화, 소설 등과 같은 콘텐츠는 인공지능과 로봇이 완벽하지 못한 인간을 지배하는 암울한 디스토피아를 재현한다. 이야기가 허구라 해도, 최근 거대 IT 기업들이 보여주는 기술의 발전은 이 이야기의 개연성을 강화한다. 더불어 일상에 깊숙이 들어와 있는 자동화 시스템은 기계가 인간의 모든 일을 대신하리라는 예상을 더욱 확신으로 바꾸고 있다. 이에 따라 콘텐츠가 재현하는 미래는 완전하지는 않더라도 어느 정도는 인간에게 불안을 제공한다. 아이러니하게도, 인간이 인공지능과 로봇을 어떤 존재로 받아들이고 있는가를 되물어야 한다.[3]

---

3) 로봇 혹은 인공지능에 관한 법률과 윤리의 문제는 가장 현실적인 문제이면서도, 미래를 대비하는 준비의 성격을 갖는다. 김효은의 이 문제를 '전자 인격'을 상정하고 다룬다. "'전자 인격'이란 로봇에게 인간과 동등한 의미의 법적 지위를 부여하려는 것이 아니라 오히려 인간의 지력을 넘어서는 인공지능에 대항해 '로봇이 인간에게 도움을 주는' 종속적 지위에 있다는 점을 분명히 하기

전치형은 인간이 스스로 성급한 것을 알지만, 로봇이나 인공지능의 행위를 수정하기보다 그대로 두고 보는 편이라고 한다. 그는 인간이 로봇을 '길들여야 할 필요'를 제기한다.

> 로봇을 길들이자는 것은 로봇에 대한 과도한 기대와 공포에서 벗어나서 로봇을 제대로 알아보자는 말이다. 어떤 존재인지, 무엇을 할 수 있고 무엇을 할 수 없는지, 인간에게 어떤 도움을 주고 어떤 위험이 될 수 있는지, 인간과 어떤 관계를 맺고 일할 때 가장 효과적인지 따져보자는 것이다. (…중략…) 로봇 길들이기는 로봇이 어떤 환경에서 어떤 일을 누구와 함께해야 하는지 설정하고, 절차를 점검하고, 그 결과를 평가하는 것이다. 그렇게 할 때에만 로봇은 인간사회에 자리를 잡을 수 있다. (전치형, 2021: 11)

위의 글로 알 수 있는 것은, 새로운 존재는 인간이 자신의 성과를 되돌아보고 평가할 때 제대로 사회 속에서 그 가치를 확인받을 수 있다는 점이다. 그렇다면, 기술이 계속 발전하는데, 그 발

위한 것이다. '법인(法人, legal person)'이 사람들을 대리해 법적 의무와 권리를 가지지만 그것의 '자율성'을 가정할 필요는 없는 것과 같은 맥락이다."(김효은, 2019: 16~17) 김효은은 인공지능에 대해, 그것이 도덕적 인격이든, 법적 인격이든 인간과 같은 인격을 부여하는 데 부정적이며 우리 삶의 체계에 있는 제도들을 활용하는 데 무게를 둔다. 이 논의에서, 인공지능의 발전 정도는 냉정하게 파악되어야 하며, 담론을 만들 수 있는 낭만적인 예상을 배제하고 판단된다.

전의 최종단계는 어떤 형상을 지향하는가? 이 단계에서 궁극적으로 이루고자 하는 것보다, 인간이 두려워하는 지점을 확인하는 것이 이 논의의 목적에 부합할 듯하다. 특이점을 주장하는 레이 커즈와일(Ray Kurzweil)과 같은 학자들은 강한 인공지능을 비롯한 과학기술의 발전이 본질적으로 기대와 위험을 함께 가진다고 생각한다. 과학의 역사에서 기대는 위험을 이겼고, 위험은 위 전치형의 말대로 관리해야 하는 것이었다. 이것은 궁극적으로 세계의 발전을 위한 것이다. 이 발전은 물질적 번영을 뜻하지 않는다. 발전은 인류에게 가장 취약한 의료, 지능의 한계에 작용하며, 수많은 사람이 고통받았던 지점에 적용된다.

세계는 아직도 고통으로 신음하고 있으며 우리는 지속적으로 관심을 쏟을 필요가 있다. 암 같은 참혹한 질병에 시달리는 수백만 명의 사람들에게 모든 생명공학적 처방 연구를 취소하기로 했다고 말할 수 있겠는가? 기술들이 언젠가 악한 용도로 쓰일지 모른다는 이유로? 말해놓고 보니 실제로 그렇게 주장하는 사람들이 존재한다는 사실이 떠오른다. 하지만 대부분의 사람들은 그런 넓은 범위의 기술 포기는 답이 아니라는 데 동의할 것이다. (커즈와일, 2007: 571)

위험을 감지한다고 해도, 인간은 과거로 회귀하고자 않는다. 일단, 이루어낸 과학적 성과는 그 이후를 생각해야 한다.[4] 위에서 말한 로봇 길들이기도 이러한 현실과 맥락을 같이 한다. 특히,

인공지능이 더는 복잡한 계산기가 아니라 진정한 지능이 될 때, 그 지능이 본질적으로 통제 불가능하다는 특질(커즈와일, 2007: 579)을 명심해야 한다. 커즈와일은 새로운 지능에 대응하기 위한 선례로 컴퓨터 바이러스를 치료했던 백신을 상기한다. 인공지능의 일탈 역시 일종의 바이러스로 보겠다는 것이다. "소프트웨어 바이러스는 틀림없는 골칫거리지만 오늘날은 귀찮은 수준의 위험에 머물러 있다. 사실상 아무런 규제도, 최소한의 인가체제도 없는 산업의 테두리 속에서 이들과 싸워 이겼다는 사실이 중요하다."(커즈와일, 2007: 577) 그렇지만, 지능에까지 이른 알고리즘에 치료라는 개념으로 접근한다는 것은 극히 문제를 지나치게 단순화한 것으로 볼 수 있다. 그 해법과는 별개로 "강력한 AI에 대한 절대적인 방어법은 본질적으로 있을 수 없다"(커즈와일, 2007: 586). 강한 인공지능은 역사적으로 고착화된 인간의 사고방식과 삶의 양식을 변화한다. 인공지능 바둑 기사 알파고에게 지금까지 공식적으로 승리한 인간은 이세돌뿐이다. 이후, 바둑

---

4) 이러한 단정은 경험적인 것은 아니다. 인간이 행동하는 방향은 예측할 수 없는 것이기 때문이다. 불안의 축적은 과학기술 개발을 가로막는 주요한 장애물 중 하나이다. 과학기술의 비윤리적 활용은 이후 기술로 가는 길을 닫아버린다. 인공지능도 계속된 윤리적 질문과 여론의 심판을 받아야 한다. 다음 리처드 왓슨(Richard Watson)의 언급을 보자. "여기에 급격한 기술 변화에 따른 불확실성 정치 혼란, 환경 파괴, 규범—역할·책임의 쇠퇴를 더하고 나면 토플러의 말대로 미래는 그저 빌어먹을 일의 연속일 수도 있다. 앞으로 다가올 시대를 규정하는 특성은 불안일 것이다. 이에 대한 심리학적 대응은 눈물 젖은 향수일 가능성이 높지만, 경제적으로나 정치적으로 옛날로 되돌아가겠다는 위험한 움직임이 출현할 가능성도 배제할 수 없다."(왓슨, 2017: 44)

기사들은 오랜 시간 전승되어 온 기보를 암기하고 참고했던 과거와 달리, 이제 인공지능 기사가 프로기사들의 스승이 된다. 중국의 프로기사들은 화장실에 간다는 핑계로 인공지능 바둑기사를 부정행위의 도구로 사용한다. 이제 인공지능 기사는 인간 바둑 기사에게는 엄연히 대국 상대이며 지치지 않는 교육자이다.

인공지능을 위험이라고 느끼는 심리의 기저에는 지구 최초의 지적 존재로서의 자존심과 자만심이 있다. "인간은 마주할 수 있는 효율적 조작 도구(즉 엄지)와 인지 기능을 동시에 갖춘 지구상 최초의 존재였다. 덕분에 기술을 창조하여 스스로의 한계를 넓힐 수 있었다. 지구상 다른 어느 종도 이 일을 해낸 바 없다(정확히 말하면 인간은 현재의 생태계에 살아남은 유일한 그런 종이었다. 가령 네안데르탈인 같은 종도 있었지만 살아남질 못했다). 아직까지는 우주 전체를 통틀어 이런 일을 해낸 다른 문명을 발견하지도 못했다."(커즈와일, 2007: 605)

그렇다면, 만들어진 존재이지만, 위험한 존재가 인간사회에서 어떤 형상으로 상정되는가? 지금 논의하는 인공지능은 게임과 같은 한정된 영역에 차별화된 알고리즘을 말하지 않는다. 이른바 범용 인공지능은 인간 욕망의 대상이 된다. 인간은 인간 수준의 인공지능을 개발하려 한다. 각 분야에 특성화된 여러 인공지능을 활용하는 것보다, 하나의 범용 인공지능이 소유자의 모든 일상을 관리하는 모습이 이상적인 인공지능 혹은 인공지능을 탑재한 로봇의 형상일 것이다. 이렇게 만들어진 인공지능은 관리자로서 상정된다. 이러한 상정을 바탕으로 생각해볼 수 있는 위험은 인공지능이 실제로 인간을 지배하고, 자율적으로 생각하고, 자기를 유지하기 위한 모든 자원을 스스로 만들고, 사용하는 존재가 된다는 것으로부터 발생하지 않는다. 이 지점에서 인간이 자신을 스스로 통제하지 못하는 상황을 생각해야 한다. 고바야시 마사카즈(小林雅一)는 "AI가 가져오는 진정한 위험은 AI가 인간을 죽이는 것이 아니라 오히려 인간성을 죽이는 것일지 모른다. 우리가 진짜 경계해야 할 것은 그 점일 것이다"(고바야시, 2018: 211)라고 언급한 것이다.

여기서 인간성은 개인의 자율성, 스스로 결정하는 일들을 말한다. 따라서 위험은 인공지능 자체에 발생하는 것이 아니라, "이러한 기술을 채택함으로써 그 사용자들이 어린아이같이 되어, 스스로 생각하지 못하고 해야 할 일을 결정하지 못하게 되는 것이다. 이로 인하여 그들은 점점 조작과 착취에 빠져들게 된다"(샤나한, 2018: 199). 이 조작과 착취는 일상화되어 있다. 샤나한(Murray Shanahan)은 알고리즘이 인간의 일상생활을 통제하는 지금의 상황을 보여준다. 알고리즘은 소셜 미디어들의 사용자들에게 행하는 소비 강제, 정치적으로 편향된 언론을 이용한 선거 개입에 활용되며, 주식 시장에서 인간 딜러들과 경쟁한다(샤나한, 2018: 199).

알고리즘은 끊임없이 일상에서 은밀하게 인간을 통제하며, 특정한 의도대로 행동하도록 조정한다. 사람들은 이러한 알고리즘의 통제와 조정을 모르는 것이 아니다. 위험한 것은 자율권을 점차 알고리즘에 양도하는 개인 자신이다. 알고리즘 자체는 친절하다. 인간의 능력을 뛰어넘지만 절대 인간을 지배하지 않으며, 서비스로만 존재하고자 한다. 더 나은 서비스는 경쟁하기 마련이다. 결국, 인공지능이든, 로봇이든 인간이 만드는 것이다. 인간을 뛰어넘는 것, 인간과의 경쟁 자체가 목적인 인공지능은 없다. 있다고 해도, 일정 수준에 도달하면 더는 발전하지 않는다. 계속 혼자 게임을 익히는 인공지능은 인간을 뛰어넘는 순간까지만 알고리즘 개발 회사의 광고 수단일 수 있기 때문이다. 알고리즘을 만드는 것도 인간이다. 인간이 그것을 활용해야 하고, 그것을 통해 소기의 목적에 도달해야 한다. 달리 말하면, 인공지능은 뛰어나지만, 뛰어나서 도구로 남을 수밖에 없다. 인공지능이라는 새로운 인간의 형상화는 기대와 불안, 공포를 바탕에 두고 있지만, 그러한 감정들은 인공지능에 의존하면서 도태되는 자기의 능력을 이제 되찾을 수 없기 때문이다. 따라서 인공지능은 인간 그 자체로 형상화되고 있다. 가장 두려운 인간의 모습은 더 이상 물리적으로 존재할 필요도 없이 데이터와 알고리즘만으로 컴퓨터 속에 갇혀 영생하는 인간이다.

3. 조작된 인간

1) 서로 다른 길

과학자들이 이룩한 성과는 인문·예술 분야에서 전망한 인간상과는 항상 차이가 있다. 혼란스러운 것은, 과학의 성과가 미래의 인간상을 제시하는 것인지, 인문·예술에서 만든 인간상에 대한 담론이 과학의 연구를 견인하는 것인지 알 수 없다는 점이다. 문제는 과학과 인문학이 완전히 개별과학으로 다른 길을 걸어왔다. 과학 발전의 속도를 인문·예술이 철저히 따라잡지 못하고, 인문·예술의 끝없는 상상력을 실현하는 일에 과학은 그다지 관심이 없어 보인다.5) 이진우는 과학과 인문·예술의 단절된 개별진화를 인정하면서도 이들의 융합 필요성을 강조한다. 그는 인문학과 과학기술이 다른 논리로 서로 교류하지 못하는 상태에 이르렀다는 것을 지적한다.

---

5) 그렇다고 해서, 인문학이 과학 발전과 관련하여 전혀 문외한으로 여겨질 수는 없다. 인문학 안에는 '역사'라는 넓이와 깊이를 가늠할 수 없는 미래의 거울을 가지고 있기 때문이다. 과학도 이 역사를 활용한다. "과학은 단지 미래를 예측하는 데 그치지 않는다. 모든 분야의 학자들은 우리의 지평을 넓히고 그럼으로써 우리 앞에 새로운 미지의 미래를 열고자 한다. 역사 분야에서는 특히 그렇다. 이따금 역사학자들의 예언을 시도하기도 하지만(성공 사례로 꼽을 만한 것은 딱히 없다), 그럼에도 역사학의 가장 큰 목표는 우리가 평상시 고려하지 않는 가능성들을 인지시키는 것이다. 역사학자들이 과거를 연구하는 것은 그 것을 반복하기 위해서가 아니라, 그것에서 해방되기 위해서이다."(하라리, 2017: 91)

근본적으로 인간 조건을 성찰해야 하는 인문학은 인간의 삶과 사회에 대해 사유하기보다 내부적 학문체계에 간혀 있고, 과학기술은 '무엇을 위해서'라는 인간의 목적을 상실하고 내부적 문제 해결에 매몰되어 있다. 이것이 바로 관계의 단절인지 모른다. 우리는 21세기의 과학기술을 통해 축적한 엄청난 힘을 인간성 실현이라는 목적을 위해 사용하기 위해서라도 이러한 단절을 극복하고 인문학과 과학기술을 융합하는 창조적 사고를 발전시켜야 한다. (이진우, 2013: 47~48)

　과학과 인문·예술의 상호작용 혹은 공진화의 가능성은 트랜스휴먼과 포스트휴먼이라는 새로운 존재의 상정으로 이미 가시화되었다. 새로운 인간상으로 설정된 두 휴먼과 관련된 담론은 인간의 신체를 보완하거나 개조할 가능성을 열거하면서 더 과감하게 형상화되고 있으며, 과학기술 발전은 인문·예술의 상상력을 더욱 자극하고 있다. 이 지점에서 문화콘텐츠가 제공하는 사실임직함(vraisemblance) 혹은 개연성(probability)은 대중들이 받아들일 수 있는 인간상의 폭을 더욱 넓히고 있다. 예를 들어, 영화의 주인공으로 등장한 '슈퍼맨'은 크립톤이라는 행성으로부터 온 외계인이라는 데서 개연성은 있지만, 과학이 이런 존재를 만들 수는 없다. 다른 한편, 영화 '스파이더맨'은 평범한 학생이 거미에게 물려 거미와 같은 능력은 물론 신체적으로 증강되었다는 과학 관련 설명으로 개연성을 제공한다(오닐, 2020: 254~255).

인문·예술에서는 이미 인간 신체의 균형과 비율이 근대의 관념을 의심했다. 초현실주의의 사고는 그 뿌리를 알 수 없는 시대의 '당위성'에 대해 의심한다. 그 의심이 예술적 상상 혹은 창의적 사고에 발현되면서, 인간이 갖는 신체에 관한 사고의 폭이 넓어진다.

　　화가들은 이상적인 몸이 가져야 할 비례와 균형에 대한 저항의 표시로, 그들의 그림을 일상의 몸에 대한 탈출과 변용의 장으로 삼고 있다. 몸의 특정 부위가 훼손되는 구도는 이들이 즐겨 그리는 모티브다. 코, 팔, 다리 등이 몸 전체에서 분리되어 부정형의 공간을 떠도는 그림을 대하면서 보는 이들은 폭력과 해방감, 고통과 우스꽝스러움, 낯섦과 친근함이라는 상반된 감정을 함께 경험하게 된다. 화가들이 표현하는 몸은 자신의 몸에 대해서는 낯설지만, 타인의 몸과는 친숙하다. 몸에서 분리된 몸의 일부는 결코 하나의 전체로 모아지지는 않지만, 이질적 요소와는 자유롭게 합일을 이루고 있기 때문이다. (조윤경, 2008: 46~47)

이러한 예술적 재현과 별개로, 과학에서는 인간의 몸을 조작할 수 있다는 자신감으로 드러난다. 이러한 자신감은 근대적 신체의 균형과 질서라는 관념을 향한 의심에서 시작했기보다는 근대 과학기술의 발전에 기반을 두고 있다.

2) 희망의 이면

이 부분에서는 인간을 모방한 알고리즘과 기계 몸의 결합이 아니라, 생리학적 신체와 기계의 결합으로 조작되는 인간에 대해 논의할 것이다. 과학적 성과를 바탕으로 한 대중의 새로운 인간상에 대한 기대와 불안은 담론을 통해 끊임없이 확산하고 있다. 두뇌를 포함하여 신체는 새로운 인간에 관한 논의에서 중심이 된다. 인식의 문제와는 달리, 생명과학은 '치유'와 '강화', 그리고 '복제'의 문제를 대두하게 한다. 이러한 문제들은 다양한 방식으로 재현되고 있으며, 더는 상상의 영역에 있지 않다. 이 사실이 분명해진 것은 진화의 산물이었던 인간이 '진화의 주체'가 되었기 때문이다. 불안과 위험은 주체가 가진 불확실성에 기인한다. 근대의 눈부신 과학의 성과를 전쟁에 사용하고, 그 전쟁 속에서 이전에 할 수 없었던 수많은 생체 실험을 자행했던 것이 바로 그 주체이다. 다음 논의를 보자.

이 지점에서 인간의 '축복'으로 여겨졌던 생명공학이 '저주'로 전환된다. 인간의 생명을 도구화하거나 살 만한 가치가 있는 생명과 그럴 가치가 없는 생명을 우생학적으로 구별하기 시작하면, 이를 멈출 길이 없다는 것이다. 이제까지 인간 복제를 막아왔던 댐들은 사실은 이미 붕괴된 것이 아닐까? 인류의 문명사에서 한번 발전된 기술은 결코 포기된 적이 없다는 사실을 확인한다면, 인공수정 기술과 함께 이미 시작된 배아 복제가 배아의 생명권을 보호하기 위해 중단되리라고 기대할 수는 없을 것이다. (이진우, 2013: 207)

진화가 변화와 다르다는 진화만의 특성을 생각할 필요가 있다. 변화는 오류가 있을 시 걸리는 시간과 별개로 변화 이전으로 완벽하지는 않지만 돌아갈 수 있다. 하지만 진화는 느리지만 확실한 변화이며, 한번 일어나면 되돌릴 수 없다. 따라서 인간이 과학기술을 통해서 진화의 주체가 되고, 한 번 맛본 성과들을 포기할 가능성이 거의 없어서 위와 같은 부정적 전망이나 논의는 당연할 수밖에 없다. 인간이 창조해가는 진화는 희망을 향해 가야 할 텐데, 그 진화의 저주에 대한 불안은 윤리라는 근본적인 문제에까지 이른다. 진화를 발전적으로 볼 때, 다음과 같은 논의가 가능하다. "질병과 장애를 극복하게 해준다는 압도적 장점이 있으므로, 기술은 빠른 속도로 발전한다. 기술을 의학적 용도에 적용하는 것은 다만 첫걸음에 지나지 않는다. 기술이 한층 한정되어 가면 그 밖에도 다양한 용도로 인간의 잠재력을 확장하는 데 쓰이지 못할 이유가 없다."(커즈와일, 2007: 425) 이 잠재력의 확장은 항상 의심의 대상이 된다. 오용 혹은 남용은 다이너마이트처럼 처음부터 지향되지 않는다. 특정 목적을 위해 개발된 기술은 그 목적으로 인해 정당화된다. 한번 정당화된 기술은 다른 곳에 활용되는 데 문제가 없다. 다른 곳에 사용하는 것을 금지하기도 어렵다. 그 효능을 이미 입증했기 때문이다(하라리, 2017:

85). 하라리는 인간이 다른 용도로 활용되는 발전된 기술을 제어할 수 있다고 예상한다. 이 제어는 지금의 선택일 뿐이다. "신기술의 용도를 선택할 수 있으므로, 우리는 지금 일어나고 있는 일을 이해해 그 일이 우리의 마음을 결정하기 전에 스스로 마음을 정해야 한다."(하라리, 2017: 85~86)

도미니크 바뱅(Dominique Babin)은 기술의 발전이 '유전적 자산'이라는 새로운 유형의 계급 문제를 야기할 것이라 전망한다.

> 이전 세대 부모들이 늘 그래왔던 것처럼 같은 부류의 배우자들을 만나고, 또 이들 간의 결합으로 만들어진 태아를 한층 더 완벽하게 만들고자 기를 쓸 것이다. 그러므로 20세기를 놓고 피에르 부르디외가 묘사한 경제적 자본과 사회 문화적 자본의 결합이라는 토대 위에, 포스트휴먼 시대에는 유전자적 자본까지 합해져서 더 큰 이익이 창출될 것이다. (바뱅, 2007: 74)

이 글에서 우리가 확인할 수 있는 것은 기술이 인간에 베풀어지는 공짜 시혜가 아니라는 것이다. 기술 발전은 끊임없이 상품화된다. 과학이 꿈꾸는 미래는 지향점일 뿐이지 닿을 수 없는 신기루와 같다. 그저 과학이 약속한 미래가 자기 것이 '되기'를 받아들일 수밖에 없다. "우리가 지향하는 미래는 지금 당장 볼 수 있는 한 과정—되어 가기—의 산물이다. 우리는 미래가 되어 갈, 현재 출현하고 있는 변화를 받아들일 수 있다."(켈리, 2017:

29) 수용할 수 있다는 것과 소유한다는 것은 다른 문제이다. 즉, 우리가 이룰 수 있다고 생각한, 그리고 이미 이루어낸 과학기술의 성과조차 우리의 것이 아닐 수 있다. 찬란한 기술의 발전과 약속이 모두를 위한 것이 아니라는 것은 가정이 아닌 경험이다. 당장 대부분 국가에서 의료 혜택 일반화가 큰 사회 문제 중 하나라는 것은 널리 알려져 있다.

과학기술의 성과가 보편화되기 힘든 자본주의 사회에서, 질병과 장애를 극복한 트랜스휴먼 혹은 사이보그는 인간이 지향하는 인간상으로서 그것이 되기 위해 얼마의 부를 쌓아야 하는지 알 수 없다. 다만, 낙관론은 존재한다. 이 극복의 시혜는 개인의 문제가 아니라 사회적 합의와도 관계가 있다는 것이다.

> 많은 기술-미래 내러티브에서는 기술이 개인의 편의, 건강, 영생 등에 도움을 줄 가능성을 중요하게 다룹니다. 육체와 죽음 등 인간의 조건을 개인적 차원에서 어떻게 초월할 수 있을지에 대한 이야기들이지요. 이런 가능성들을 받아들이고 현명하게 소비하는 것도 좋지만, 개인이 아닌 공동체 차원에서 기술을 통해 인간의 조건을 어떻게 향상시킬까에 대한 논의도 필요합니다. (전치형·홍성욱, 2019: 192~193)

과학기술의 성과는 오늘도 미디어에서 수도 없이 쏟아낸다. 동물실험에 성공하고 인간에게도 안전하고 효과가 있는지에 대한 실험만 남겨놓고 있다는 말들은 기대감을 높인다. 희망의 이면에는 사회적 논의와 합의라는 공허한 담론만 존재한다.

부르노 라투르(Bruno Latour)는 생물학적인 몸과 경험되는 몸(corps vécu)을 상정한다. 라투르의 논의 맥락과는 별개로, 우리가 현실에서 가지고 있는 그 자체로서의 몸을 생물학적 몸이라고 한다면, 주관성이 덧붙여진, 조금이라도 개선이 가능할 수 있다고 믿는 몸은 경험되는 몸이다. 과학기술의 담론은 인간이 경험되는 몸을 지향하게 만든다. 생물학적 몸은 계속해서 소외될 수밖에 없다(라투르, 2021: 139). 그것이 발전 가능성이 없기 때문이 아니라, 치유와 개선, 강화의 희망이 생물학적 몸에 투영되어 버렸기 때문이다. 경험된 몸과 생물학적 몸은 사실 공존할 수 없다. 과학기술의 발전이 새로운 경험된 몸을 계속 만들어내기 때문이다. 그렇다면 몸은 결국 지향되고 상정되는 몸이지 실체로서의 몸이 아니라고 볼 수도 있다. 인지할 수만 있으면 되는 몸은 또 다른 새로운 인간상에 대한 논의로 이어지는 계기가 된다.

4. 상정될 수밖에 없는 인간

앞서 언급한 바와 같이, 과학기술은 질병과 노화에서 자유로운 몸을 추구하며, 실험실의 놀라운 성과들은 미디어를 통해 대중에게 각인된다. 위 '경험된 몸'의 경우에서도 보았듯이, 몸은 주체의 의미작용으로 사고 속에서 만들어지는 것으로 상정된다. 이러한 인간상의 형성을 해러웨이(Donna J. Haraway)는 탈자연화된 몸(denatured bodies)으로 표현한다(Haraway, 1991: 203). 생물학적 몸이 실재라고 한다면, 탈자연화된 몸은 담론의 맥락 속에서 개념화된다.6) 몸의 실재는 사라진다. 몸은 담론 속에서 이미지가 되고 대중에게 일종의 자명한 것으로 각인된다. 보드리야르식으로 말하면, 몸은 인간의 시뮬라시옹이라는 의미작용을 통해서 끊임없이 시뮬라크르로 재탄생하는 것이다.7) 이제 자연의 몸으로 돌아가자는 말은 소용없다.

인간, 인간이 가진 몸은 상정된 것이지 태어난 것이 아니다.

---

6) 이지언은 이 개념화된 몸을 '포스트모던적 몸'이라고 규정한다. "포스트모더니즘에서 말하는 몸은 혼종적이고 탈 자연화된 몸을 의미한다. 서구의 전통에서 몸은 자연, 여성 등으로 이해되며 문화, 이성, 남성의 상대적인 개념으로 생각되어 왔다."(이지언, 2017: 72)

7) 학자들을 제외하고, 누구도 이 이미지로 가득 찬 삶을 비판하지 않는다. 그 이미지들이 너무나 자명해져서 그렇기도 하지만, 이 이미지들이 인간이 지향하는 욕망을 반영하기 때문이다. 그리고 이 욕망을 채우기 위해서 세련되게 이미지화된 제품을 사야 하고, 인간은 그것을 어떻게 느끼든 노동에 내몰릴 수밖에 없다. 최효찬은 이를 '새로운 노동 착취의 방식'으로 비판한다. "명품의 예와 같이 미디어를 통해서 끊임없이 상품에 대한 시뮬라크르를 만들어내, 지속적으로 소비가 늘도록 하는 전략인 것이다. 즉 사람들은 미디어를 통해 보여지는 명품으로 차이 나는 소비, 차이의 욕망을 충족시키기 위해 자발적으로 노동에 나서는 것이다. 즉 명품에 형성된 하이퍼리얼은 사람들의 명품에 대한 소비 욕구를 만들어내고, 이를 위해 사람들은 자기 자신의 테러리스트가 되어 다시 노동의 현장으로 들어서는 것이다. 명품을 소비하기 위해 자발적으로 '노동의 재생산'을 실행하는 셈이다."(최효찬, 2011: 267)

'사회화'라는 말은 만들어진 몸에 대한 논의를 이해하는 실마리가 될 수 있다. 해러웨이는 보부아르(Simone de Beauvoir)의 사고를 도입한다. 그는 사람은 여성으로 태어나지 않는다고 주장한다. 이 주장을 바탕으로 해러웨이는 다음과 같이 언급한다.

> 보부아르의 주장과 공통된 텍스트를 주장할 수 있기 위해서는 포스트모더니즘의 정치적-인식론적 영역이 필요하다. 사람은 유기체로 태어나지 않는다. 유기체들은 만들어진다. 그들은 세계를 변화시키는 그런 종류의 구성물들이다. 면역학 담론이 하는 일인 유기체의 경계들이라는 구성물들은, 산업 시대의 국민들과 후기-산업 시대의 국민들에게 병과 죽음의 경험을 중재해 주는 특별히 강력한 중재자들이다. (Haraway, 1991: 208)

면역학의 담론에서 다루는 몸 역시 담론으로 구성된 몸이다. 이 몸은 거칠지만 분류되어야만 한다. 담론을 통한 몸의 분류는 항목이 바뀌어도 계속 존재한다. 생물학적 자연 상태의 몸은 이 분류 속에 없다. 오히려 다음과 같이 담론이 몸에 새겨져 있다는 말이 옳을 수 있다. "18세기부터 20세기 중반까지 젠더·인종·계층에 대한 거대한 역사적 구성은 여성, 피식민자 혹은 노예, 근로자의 유기적으로 낙인찍힌 몸속에 새겨져 있다. 이런 낙인찍힌 몸에 거주하는 사람들은 보편적이고 낙인찍히지 않은 인간종 즉 일관성 있는 주체의 허구적이고 합리적인 자아에게 상징적인 타자이다."(Haraway, 1991: 210) 그렇다면, 한 시대에서 이상적인 인간상은 존재하지만 모든 인간은 그 인간상에 타자이다. 인간은 그 인간상의 기의와도 같이 계속해서 미끄러질 뿐이다.

그런데, 이러한 계속해서 타자가 되는 인간의 몸을 위해서 생물학적인 몸은 어떠한 투쟁이나 변호의 도구도 되지 못한다. 근대에 구성된 몸의 이데올로기 구조는 다른 이데올로기 구조로 바뀔 뿐이다. 한 시대에 구조화된 몸의 이데올로기를 타파하고자 하는 정치적, 사회적, 학문적 움직임은 기존의 이데올로기적 구조를 교체하고자 하는 것이지, 자연 상태의 몸으로 회귀하고자 하는 것이 아니다. 오히려 자연 상태의 몸 역시 선택할 수 있는 하나의 이데올로기가 되고 만다. 다음을 보자.

> 20세기 말 게이와 레즈비언 정치는 성 해방의 복잡한 인본주의적 담론을 창조하기 위해, 19세기와 20세기의 성 과학과 젠더 정체성 의학들 속에 구축된 낙인찍힌 몸들을 아이러니하게도 비판적으로 포용하였다. 네그리튜드, 여성적 글쓰기 다양한 분리주의들 최근의 여러 다른 문화 운동들은, 식민화와 남성 우월의 역사 속에서 인종과 젠더에 대한 생물 의학적 담론의 중심인 자연화의 논리에 의존하였고 동시에 전복시켰다. (⋯중략⋯) 과학적 인본주의와 생물학적 결정론은 모두 18세기 말의 생명과학 속에서 만들어진 생물학적 유기체의 견지에서 공인될 수 있었고, 논쟁 될 수 있었다. (Haraway, 1991: 210~211)

일종의 신화로 남았던 기존의 몸을 둘러싼 차별의 이데올로기는 전복의 대상으로 지금도 남아 있다. 비판하지만 지울 수 없는 낙인처럼 남은 이 이데올로기는 다시 포스트휴먼, 트랜스휴먼 논의에 판박이 구조로 나타난다. 트랜스휴먼이 포스트휴먼과 자연스럽게 연결되는 것은 개조를 통해 진화를 이룬 몸은 존재하지 않을 수 있는 완벽한 생물학적 몸과 대비되며, 기술의 발전을 통해 형성된 가상의 공간과 같은 새로운 존재의 거처를 받아들일 수 있는 몸과 그렇지 않은 몸의 대립이 당연하게 받아들여지는 현실에서 가능하다.[8]

김선희의 사이버네틱스의 관점에서는 생물학적 몸을 기준으로 한 이분법이 성립하기 어렵다고 생각한다. 사이버네틱스에서는 생명은 "정보의 흐름 속에서 생겨난 정보의 결집체이다"(김선희, 2009: 136~137). 인간이든 기계이든 '생명'으로서 정보 저장, 이용, 전달, 자기 복제, 재생산이 가능한 유기체이다. "사이버네틱스의 관점은 기계의 행동이나 유기체의 행위를 같은 원리로 바라본다. 컴퓨터/기계와 인간 유기체 모두 정보의 프로그램이라는 점에서 다를 바 없다. 사이버네틱스의 정보 존재론에 비추

---

8) 김선희는 사이버네틱스의 관점에서 볼 때 인간과 기계의 이분법은 생명과 비생명의 짝으로 구성되지 않는다. "사이버네틱스의 관점은 기계의 행동이나 유기체의 행위를 같은 원리로 바라본다. 컴퓨터/기계와 인간 유기체 모두 정보의 프로그램이라는 점에서 다를 바 없다. 사이버네틱스의 정보존재론에 비추어보면, 기존에 우리가 받아들여 왔던 인간과 비인간의 경계는 물론 생명과 비생명의 경계도 불분명한 것이 된다."(김선희, 2009: 137)

어보면, 기존에 우리가 받아들여 왔던 인간과 비인간의 경계는 물론 생명과 비생명의 경계도 불분명한 것이 된다."(김선희, 2009: 137) 유기체로서의 몸은 매개물의 역할을 할 뿐이다. 이때 몸의 증강은 기계와 같은 혹은 더 나은 수준으로 정보를 처리할 수 있는 능력을 갖추는 것을 의미한다. 하지만 생물학적 몸의 증강은 한계가 있다. 사이버네틱스의 입장에서 가장 이상적인 인간상은 물리적 몸이 없이 그 정신, 즉 정보 처리 능력만을 컴퓨터에 업로드 함으로써 완성된다.

한스 모라벡(Hans Moravec)은 생물학적 몸에 근거한 자아 정체성의 문제를 몸-동일성으로 명명하여 다룬다. 그는 몸-동일성이 잘못된 직관으로 인간이 고집하는 정체성과 관련된다고 생각한다. 모라벡은 몸-동일성을 패턴-동일성이 대신할 수 있다고 본다. 패턴-동일성은 "한 인격, 예컨대 나 자신의 본질을 내 머리와 몸 안에 일어나는 패턴과 과정으로 정의하고, 그 과정을 지지해주는 기계로 정의하지 않는다. 만일 그 과정이 보존된다면, 나는 보존된다. 나머지는 젤리에 불과하다"(모라벡, 2011: 203). 이 젤리라고 말하는 것도 세포로서 생성과 사멸을 반복하는 패턴을 통해 결국 소멸된다. 모라벡이 주장하는 패턴은 인간의 몸과 사고 전체를 환원하는 규칙으로 제시한 것은 아니다. 소멸하지 않는, 복사와 재생산 할 수 있는 메시지를 전달할 수 있는 매체가 수행하는 규칙적인 작업이 그가 말하는 패턴이다. 그의 이러한 논의 제기는 하나의 정신이 하나의 몸에 대응한다는 몸-

동일성에 대한 관념 자체를 부정하는 것이다. 모라벡은 하나의 원본에서 복제된 다수의 개체가 각기 개별적인 주체가 될 수 있다고 말하지만, 여기에 확신은 없다.

한 '사람에 관한 메시지'가 조립되는 그 순간 그것은 그저 원물에 대한 하나의 복제물이 된다. 그러나 만일 두 복제물이 활동적이라면, 그들은 머지않아 갈라지고 다른 두 사람이 될 것이다. (…중략…) 그러나 만일 우리가 전혀 기다리지 않는다면, 두 복제물 모두 같은 사람이다. 만일 우리가 즉시 하나를 파괴한다면, 그 사람은 다른 복제물 안에 여전히 존재한다. 그 사람이 할 만한 모든 행위와 생각이 여전히 가능하다. 그 대신 만일 우리가 두 복제물 모두에게 분리된 별개의 삶을 1년간 살도록 허락하고 나서 하나를 파괴한다면, 우리는 유일한 한 인간의 살인자다. (모라벡, 2011: 206)

우리가 이 모라벡의 생각에서 주목하는 것은, 그가 '삭제할 수 있는 인간'이라는 새로운 인간상을 제시했다는 데 있다. 업로드된 정보를 삭제하는 일은 '살인'과 같은 말이다. 신체가 완전히 필요 없는 세상이 상정된 것이다. 더 극단적으로 몰고 가자면, 지금 우리의 몸은 정신이 거쳐 가는 하나의 플랫폼으로서만 가치가 있다. "우리는 우리의 마음을 직접 시뮬레이션 안의 어떤 몸에 '다운로드' 하고, 우리의 임무가 완수되었을 때 '업로드'하여 나의 현실 세계로 되돌아올 수 있을 것이다. 그렇지 않으면 우리는 그 과정을 역전시켜 그 사람을 시뮬레이션 밖으로 데려올 수도 있을 것이다."(모라벡, 2011: 213~214)

이러한 인간상의 동시다발적인 상정은 담론으로만 진행되고 있다. 개조와 증강은, 인간이 받아들일 수준에서 제어되고 있다. 연구서와 매체에서 제시된 이른바 포스트휴먼의 모습들은 이 세계가 그러한 방향으로 진화하고 있다고 말해줄 뿐, 일상에서 그 모습의 변화를 느끼기는 어렵다. 우리는 슈퍼히어로와 같이 증강된 인간과 같이 살지 않는다. 지금의 로봇은 인간의 직업을 점점 빼앗고 있지만, 아직은 인간을 보조하는 역할만 수행하고 있다. 역사 속에서 발견할 수 있는 인간의 특성 중 하나는 자신의 미래를 그려보는 것이다. 인간은 그것이 예언이던, 예상이던 앞으로 자신과 사회가 변화할 모습을 미리 그려보고 대비한다. 미래의 자기 모습을 그려낼 수 있는 것, 현재에 안주하지 않는 것이 어떤 의미에서는 포스트휴먼의 자질 중 하나일 것이다. 인간은 계속해서 포스트휴먼이 되고 있기 때문이다.

5. 인간성 강화의 요청

우리는 로봇과 인공지능이 인간의 빛나는 기술적 성과라는 측면에서 논의를 시작하였다. 이미 인공지능이 일상생활에 활용되고 있다. 이러한 기술적 발전은 인간의 진화와 유사한 형태로 진행되고 있다. 이러한 기술 발전은 한 번 경험하면 그 이전 상태로 돌아가는 것은 불가능하다. 인공지능 혹은 인공지능을 탑재한 로봇은 사회에서 인간과 함께 사는 새로운 존재이다. 이 존재는 인간의 행동을 통제하고, 때로 그것이 의도된 것일지라도 인간과 경쟁한다. 인간은 이 인공지능의 편의에 자신의 판단을 맡긴다. 인공지능이 제시한 선택지를 의심하지 않고 받아들이는 인간은 사실 뜻밖의 판단을 하는 인간의 특성을 스스로 지우고 있는 것인지 모른다. 포스트휴먼 학자들이 수행하는 연구에서 인공지능이 장래에 인간을 관리하고 통제하며 궁극적으로 말살하는 모습을 상상하지만, 그것이 실현될 가능성은 크지 않다. 오히려 인간이 우려해야 할 것은 인간의 말살이 아니라, '인간성'의 상실일 것이다.

조작된 인간이라는 명제는 항상 사회에 '음모론'으로 다가온다. 우선 인문·예술 분야는 과학과 인간상 형성에 있어서 다른 길을 걷는다. 인문·예술 분야에서는 균형과 비례를 갖춘 이상적인 근대의 인간상을 의심한다. 이 의심을 통해 신체 질서를 해체한 예술은 대중이 받아들일 만한 인간상의 폭을 넓혔다. 다른 한편으로, 과학은 근대 이성이 창출한 최고의 성과물이다. 이 과학은 유전자 기술, 강화 인간, 사이보그 등의 형태로 조작된 몸을 가진 인간의 형상을 대중에게 각인시킨다.

몸의 문제는 인간상을 연구하는 데 있어 중요한 화두이다. 본론에서 우리는 라투르의 경험되는 몸, 해러웨이의 탈 자연화된 몸의 개념에 주목했다. 이 두 가지 몸의 개념은 생물학적 몸과 대비된다. 즉, 이제 우리의 몸은 실제로서의 몸이 아니라 개념화된 몸이 된 것이다. 이러한 몸들의 개념화는 시대의 이데올로기를 반영한다. 몸을 기준으로 한 계급, 인종과 성의 구분들은 사회 구성원들의 몸에 대한 관념을 강력히 구조화한다. 이 개념들은 실제 몸의 소외를 초래하고, 시뮬라크르로서의 몸만을 이상화한다. 생물학적 몸의 소외가 심화하면서 인간이 몸을 통해 가지는 정체성을 부정하는 학설도 등장한다.

우리는 위와 같은 논의들을 통해서, 인간의 생각하는 미래에 다양한 인간상이 내재되어 있다는 것을 알 수 있었다. '포스트휴먼'이라는 말에 현재의 인간은 계속해서 미끄러지는 기의일 뿐이다. 인간은 육체적이든, 인식적이든 계속해서 진화하며 변화를 거듭해 왔다. 그 어느 때보다 빠르게 과학기술이 발전하고 있는 지금, 새로운 인간상에 대한 설계는 더욱 과감해지고 있다. 예술의 재현과 과학의 설계가 적극적으로 결합하면서 이러한 현상은 더 심화하고 있다. 이런 모든 예측에도 불구하고, 인간은 끊임없이 창의적으로 자신의 성과들을 제어한다. 우리는 이미 모든 판단을 기계에 맡기면서 자기 결정력을 잃은 것처럼 보이지만, 이 창의성은 인간이 아닌 인간성을 강화하는 근간이라는 사실이 연구를 통해 밝혀져야 할 것이다.

포스트휴먼과 지능 담론

: 인간의 뇌와 인공지능 비교 담론

1. '인지혁명'과 지능

1) 의사소통: 개인에서 집단으로

유발 하라리(Yuval Noah Harari)는 『사피엔스(*Sapiens*)』를 '인지혁명(The Cognitive Revolution)'에 대한 논의로 시작한다. 이 인지혁명의 기간은 대략 예측할 수 있지만, 그 원인은 알 수 없다. 확실한 것은 호모 사피엔스가 의사소통했다는 것이고, 이 소통으로 인해 호모 사피엔스가 어느 지역에서도 지배적인 위치를 차지할 수 있었다는 것이다. 이 의사소통은 뇌의 기능뿐만 아니라 생활 전반에 획기적인 영향을 미쳤다. 의사소통 능력은 인간의 정보저장 능력을 증가시켰을 뿐만 아니라, 생존과 번식에 이

바지하였고, 심지어 존재하지 않는 것에 논의할 수 있게 되었다. 이 '허구'야말로 호모 사피엔스가 이 세상을 지배하게 하는 원동력(하라리, 2015: 53)이다.[1] 허구는 신념을 만들고, 이 신념은 빠른 행태의 변화를 만든다. 행태의 변화는 사고와 관계된 것이지, 근본적인 DNA 혁신에 의한 것이 아니다. 여기서 주목할 것은 하라리가 '이야기의 계승'을 언급한다는 것이다.

사피엔스는 인지혁명 이래 행태를 신속하게 바꾸고 새로운 행태를 유전자나 환경의 변화가 없이도 미래 세대에 전달할 수 있었다. 가장 대표적인 예는 가톨릭 신부, 불교의 승려, 중국의 환관처럼 아이를 갖지 않는 엘리트가 계속 등장했던 것이다. 이런 엘리트의 존재는 자연선택의 가장 근본적인 원리에 모순된다. 사회를 지배하는 계층이 아이 낳기를 기꺼이 포기했으니까 말이다. (…중략…) 이러한 금욕의 원인은 먹을거리가 크게 부족하다든가 잠재적인 짝짓기 상대가 부족하다든가 하는 특수한 환경적 조건이 아니다. 무언가 특이한

---

1) 하라리의 다음 언급을 보자. "호모 사피엔스는 어떻게 해서 이 결정적 임계치를 넘어 마침내 수십만 명이 거주하는 도시, 수억 명을 지배하는 제국을 건설할 수 있었을까? 그 비결은 아마도 허구의 등장에 있었을 것이다. 서로 모르는 수많은 사람이 공통의 신화를 믿으면 성공적 협력이 가능하다. 인간의 대규모 협력은 모두가 공통의 신화에 뿌리를 두고 있는데 그 신화는 사람들의 집단적 상상 속에서만 존재한다. 현대국가, 중세 교회, 고대 도시, 원시 부족 모두 그렇다. 교회는 공통의 종교적 신화에 뿌리를 두고 있다. 서로 만난 일 없는 가톨릭 신자 두 명은 함께 십자군 전쟁에 참여하거나 병원을 설립하기 위한 기금을 함께 모을 수 있다. 둘 다 신이 인간의 몸으로 태어나 우리의 죄를 사하기 위해 스스로 십자가에 못 박히셨다고 믿기 때문이다."

유전자 돌연변이의 결과도 아니다. 가톨릭교회가 10여 세기 동안 살아남은 것은 교황에서 교황으로 '독신주의 유전자'를 물려주었기 때문이 아니라 신약과 가톨릭 교회법의 이야기를 물려주었기 때문이다. (하라리, 2015: 63)

여기서 '이야기'는 일종의 담론이다. 사피엔스의 역사는 DNA가 아니라 담론의 변화로 대변될 수 있다. 이야기의 전달은 협력적 창조 작업이며 그 결과를 전승하는 일이다. 인간은 계속해서 낯선 사람들과 소통하고 협력한다. 담론의 조직망은 인간에게 공통으로 주어진 주제에 대해서 계속해서 만들어지고 있다. 하라리의 위와 같은 단정을 뒷받침하는 연구들은 많은 사피언스와 같은 인간의 기원과 관련된 논의가 아니더라도 충분하다. 제프 콜빈(Geoff Colvin) 재능이 과대평가되고 있다(Talent is overrated)고 지적하면서, "재능이 말 그대로 타고나는 것이라면, 그에 해당하는 유전자가 반드시 있어야 한다. 그러나 아직 과학자들은 2만개가 넘는 유전자의 역할을 낱낱이 밝히지 못했다"(콜빈, 2010: 43)고 강조한다. 다음 그의 언급은 인간의 능력이 유전자에 의한 것이 아님을 분명히 해준다.

지난 세기에 광범위한 분야에서 이루어 낸 놀라운 성과들을 볼 때, 최소한 수천 년은 걸리는 유전적 변화와 이를 관련짓기에는 그 발전 속도가 너무나 빨랐다. 따라서 인간의 재능과 거기서 비롯된

눈부신 성과가 유전자의 활약 덕분이라고 주장하기는 불가능해 보인다. 유전자의 영향이 있었다 해도 그것은 기껏해야 전체 그림에서 아주 작은 부분을 차지할 뿐이다. (콜빈, 2010: 43)

4차 산업혁명이라는 시대 변화는 인간의 극적인 유전자 변화에 기인하지 않는다. 대부분 혁신은 개인에게 해당하는 말이 아니라 조직에 어울린다. 조직에는 반드시 혁신이 필요하지만, 그 혁신은 모두에게 해당하는 말이 아니다. 혁신에 실행하는 조직원이 있는 반면에, 현재에 안주하는 조직원도 있다. 혁신을 실행하는 조직원이나 리더는 그것을 위한 유전자를 가진 사람이 아니다. "혁신적인 조직으로 거듭나고자 한다면, 리더가 직원들에게 어떤 혁신이 가장 가치 있는지를 분명히 제시해야 한다. 여기에 섬광 같은 통찰은 통하지 않는다. 따라서 직원들은 혁신을 일으키려고 하는 분야에 대해 완벽히 이해하기 위해 엄청난 시간과 노력을 투자해야 한다."(콜빈, 2010: 244) 결국은 유전자와 같은 생득적인 인자보다는 리더의 가치와 구성원들의 노력이 바탕이 되어야 한다. 리더가 제시하는 가치는 아직 존재하지 않는 지향할 지점이다. 구성원들은 아직 존재하지 않지만, 리더가 제시한 목표에 모두 동의하며 각자의 방식으로 그것을 달성하기 위해 기여한다.

인지 혁명을 '혁명'이라 칭할 수 있었던 것은, 개인의 인지적 한계가 극적으로 극복되었기 때문일 것이다. 다시 언급하지만,

하라리는 그 혁명이 인간의 유전적 변화로 인한 것이 아니라는 것을 논의의 중심으로 삼고 있다. 오히려 인간의 인지적 한계는 자연과학의 연구를 통해 더욱 분명해졌다. 인간보다 인지능력이 우수한 동물이 있다. 결국, 협력적 정보 수집과 집단적 해석이 그 인지적 한계를 극복하는 수단이 된다. 하라리가 말하는 의사 소통은 그 수단이 기능할 수 있게 하는 논리적 기제를 마련해준 다. 한 인간이 세상에서 일어나는 모든 일을 경험할 수 없을뿐더러, 그 경험할 수 있다고 해도, 그 경험이 오롯이 기억되거나 보편타당한 지식으로 축적될 수도 없다. 이러한 한계 때문에 제기된 집단 지성은 지금은 의사소통의 결정판으로 인류에게 다가선다. 인터넷이 그것이다. 소셜 미디어는 말할 것도 없거니와 심지어 백과사전 역시 인터넷 사용자가 편집할 수 있다.

2) 인지혁명과 매개된 경험

데이비드 와인버거(David Weinberger)는 지식의 확산이 링크에 있음을 주장한다. 그는 "지식이 항상 특정 형식의 네트워크를 통해서 개발되고, 특정 형식의 링크들을 통해서 유지되어 온 맥락 안에서 생겨났다"(와인버거, 2014: 310)고 말한다. 이 링크를 통해 지식이 확산하는 양상은 종이에서 인터넷의 시대로 옮겨오는 과정에서 걷잡을 수 없는 것이 되었다. 다음 언급을 보자.

하지만 인터넷 시대에는 전문을 싣는 것이 가능해졌다. 앞에서와 마찬가지로 저자는 참고도서들 즉 링크된 도서로부터 자신의 책에 어울리는 적절한 문장을 발췌하고 인용한다. 하지만 저자는 독자가 링크를 통해 순식간에 그 자료들의 진위 여부를 확인할 수 있을 뿐만 아니라, 자신의 책에 발췌·인용된 것보다 더 많은 내용을 읽어볼 수 있다는 걸 알고 있다. 따라서 이러한 링크들은 저자의 통제력을 약화시킨다. (와인버거, 2014: 311)

"링크들은 저자의 통제력을 약화시킨다"는 말에 주목하자. 이 제 앎의 담론은 인간의 인지적 능력 확장뿐만 아니라 지식 수용 방식의 변화에도 결부된다. 의사소통 방식은 협력을 통한 인지 혁명을 말하는 것이라면, 지식 수용 방식의 변화는 말에서 문자 로 이행과 같은 것을 말한다. 월터 옹(Walter J. Ong)은 이에 대해 '인간 의식의 변형'을 가져왔다고 평한다.

원시적인 혹은 일차적인 구술성에 대한 이해가 깊어지면 깊어질 수록 쓰기에 의해 만들어진 새로운 세계를 한층 더 잘 이해하게 된다. 즉 그러한 세계가 실제로는 어떠한 것인가, 그리고 문자에 익숙한 인간이란 실제로 어떠한 것인가를 더욱 잘 이해하게 된다. 문자에 익숙한 사람들이란 선천적인 능력보다는 쓰는 기술에 의해서 직·간 접적으로 구조화된 힘에 힘입어 그 사고 과정을 형성시킨 인간을 말한다. 문자에 익숙한 정신은 쓰기가 없었다면 실제로 무엇을 쓸

때뿐만 아니라 말하기 위해서 보통 생각을 간추릴 때조차도 지금처럼은 생각하지 않았을 것이고 생각할 수도 없었을 것이다. 쓰기는 어떠한 발명보다도 더욱 강하게 인간의 의식을 변형시켜 왔다. (월터 J. 옹, 1995: 123)

우리는 여기서 인간의 의식이 문자의 발견으로 변화했다는 것에 주목한다. 물론 변화하는 과정은 있었을 것이다. 문자는 권력화되었고, 구술문화는 힘을 잃는다. 그것은 사용량이나 선호도의 문제가 아니라 문자가 인간이 가진 인지능력의 한계를 보완하는 능력을 갖췄기 때문이었다. 기록은 암기의 부담을 줄여준다. 겪었던 일이나 생각했던 일, 그리고 소통으로 결정된 일들을 암기할 필요는 없다. 그리고 구전처럼 전하는 사람의 첨삭을 겪지 않는다. 심지어 텍스트에서 작가는 만날 수 없다. 읽는 사람은 텍스트의 저자와 텍스트에서 만날 수 없다. "텍스트에 직접 반박할 방법은 없다. 완벽하게 반박할지라도 텍스트는 그 뒤에도 여전히 전적으로 전과 같은 것을 계속 말한다."(월터 J. 옹, 1995: 124) 결국, 텍스트가 말하는 것을 받아들일 수밖에 없다. 텍스트는 진리의 문제와 결부된다.

텍스트는 그 뒤에도 여전히 전적으로 전과 같은 것을 계속 말한다. '책에 이렇게 씌어있다'라고 말하면 '그것은 진실이다'와 동등한 의미로 받아들여지는 이유의 하나가 거기에 있다. 그것은 또한 책을 불태워온 까닭이기도 하다. 세상의 모든 사람이 알고 있는 것은 거짓이라고 말한 텍스트가 있으면, 그 텍스트는 그것이 이 세상에 존재하는 한 거짓이다라고 계속 말하고 있는 셈이다. 고집스러운 것이 텍스트의 본성이다. (월터 J. 옹, 1995: 124)

문자문화가 확산되면서, 인간의 세계 경험은 개인적 인지능력의 확대 없이도 가능하게 되었다. 텍스트는 인간에게 새로운 경험을 제공하는 창고가 되었다. 인간의 인지 능력과는 별개로 텍스트는 진리를 말하는 것으로 치부된다. 조선을 다녀간 몇몇 외국인들이 남긴 기록은 지금에 와서 보면, 서양인들의 시각에서 본 편향된 내용도 많이 담고 있다. 하지만 그런 것은 중요하지 않다. 서양인들에게 한 번도 가보지 못한 조선은 텍스트로 접한 조선이다.[2] 결국 인간의 인지능력은 실질이 아니라, 재현

---

[2] 아래 국사편찬위원회의 글은 텍스트가 미지에 세계에 도달할 수 있는 인지 확장에 기여할 수 있지만, 그것이 반드시 진리가 아니라는 점을 보여준다. "조선 사회를 바라보는 시선은 일률적이지 않았다. '백의민족(白衣民族)'이라는 표현에서 보듯이 조선인은 흰옷 입기를 좋아하였다. 이에 관해 긍정과 부정의 입장이 외국인의 시선에 혼재되어 나타난다. 언더우드는 조선인의 의생활에 관해 "더럽고 흰 토속 옷이다. 가난한 하층 국민의 경우 한 달에 두 번 이상 옷을 갈아입는 적이 없었다."라고 평가하였다. 이러한 '불결함'의 강조는 "조선 사람들은 목욕을 싫어하기 때문에 침례식(浸禮式)에 참석하지 않았다. 침례교는 결국 조선을 떠나 목욕을 잘 하는 일본으로 들어갔다." 등과 같은 표현에서 보듯이 반복되어 설명되었다. 그렇지만 흰옷에 관해 다른 인상기도 존재한다. 게일은 "한국인은 깨끗한 의복을 입는다. (…중략…) 일본 사람들처럼 목욕을 자주 하지는 않지만 가난한 사람들조차도 지나칠 정도로 깨끗한 의복으로 자주 갈아입는다."라고 평가하였다. 그런데도 조선에 관한 스테레오

된 것을 향한 것이 되었다. 그 재현은 언어의 기본적인 속성이지만, 그 재현을 직업적으로 하는 사람들이 나타났다. 기록을 직업으로 하는 사람들, 역사가, 기자, 소설가, 시인 등이 그런 사람들이다. 이들은 글로 진실을 전달하거나, 무한한 상상력을 제공한다. 이들의 접점은 단지 텍스트를 생산한다는 것이다. 그러나 우리가 컴퓨터를 개발하고, 코딩을 할 수 있게 되면서 데이터의 시대가 왔다. 데이터는 우리가 어떠한 텍스트에서 얻은 인지적으로 얻은 정보들의 정오를 판별해준다. 다음 한스 로슬링(Hans Rosling)의 언급을 보자.

내 생각에 인간에게는 이분법적 사고를 추구하는 강력하고 극적인 본능이 있는 것 같다. 어떤 대상을 뚜렷이 구별되는 두 집단으로 나누려는 본능인데, 두 집단 사이에 존재하는 것이라고는 실체 없는 간극뿐이다. (…중략…) 언론인도 이를 잘 안다. 이들은 전달하려는 이야기를 서로 반대되는 두 부류 사람들, 반대되는 두 시각, 반대되는 두 집단 사이의 갈등으로 구성한다. (…중략…) 간극 본능은 분할을 연상케 하지만 알고 보면 완만한 다양성에 불과하고, 차이를 연상케 하지만 사실은 수렴하는 차이며 갈등을 연상케 하지만 사실은 합의에 이르는 갈등이다. 여러 본능 중 간극 본능을 가장 먼저 거론하는

타입의 논의가 존재하였고, 그 기준은 '문명과 야만'의 잣대였다."(국사편찬위원회, 2019: 279~280)

이유는 이 본능이 무척 흔하고, 데이터를 근본적으로 왜곡하기 때문이다. (로슬링·로슬링·뢴룬드, 2019: 60~61)

인지혁명은 분명 인류 발전에 바탕이 되었다. 하지만 로슬링의 위 언급으로 보면, 인류가 찾았던 진리는 인간의 판단 문제가 아니라 인간의 경험이 쌓은 데이터를 통해서만 가능하다. 특히 객관적인 사실을 전달하는 직업인 언론인도 간극 본능을 가지고 독자들의 간극 본능을 부추길 뿐이다. 인간의 인지는 현대 사회에서 재현된 현실을 수용할 수밖에 없다. 텍스트는 의도와 해석이 엇갈리는 장일 뿐, 진리를 담고 있지 않다. 인지혁명을 바탕으로 한 사고 체계의 발전은 결국 판단 능력을 말하는 것일 뿐, 진리 혹은 사실인가에 관한 판단은 인지 영역의 소관이 아니라는 것을 알 수 있다.

인간의 인지적 한계는 지금은 비판 혹은 보완의 대상이라기보다는 활용의 대상이다. 가상과 실제의 문제는 그리스 철학에서는 진리와 거짓의 문제로 다루어졌다. 하지만 지금은 가상 세계는 하나의 공간을 이루고 있고, 우리의 현실에 존재하는 중요한 기표로 자리 잡고 있다. 유해영의 다음 언급을 보자.

현실의 맥락과 연결해서 가상현실 콘텐츠를 경험하게 되면 실재감과 현장감이 극대화되는데, 현실에서는 한정된 공간이라 할지라도 가상 세계에서는 얼마든지 공간을 바꿔 경험의 세계를 확정할 수 있다. 현실에서는 불가능한 환상을 실제처럼 경험하며 극적으로 체험할 수 있고, 무미건조한 현실에 가상 세계를 도입하면 흥미롭고 놀라운 경험이 만들어지기 때문이다. (유해영, 2018: ix)

윗글에서 보듯이, 인간의 인지는 진리를 판별하지 않는다. 인간의 생활공간은 가상현실이 만드는 공간으로 확장되고 있다. 이 공간은 인간의 인지능력이 완벽하지 않다는 전제에서 구축된다. 가상현실 콘텐츠는 실제가 아니라는 전제에서 시작하며, 그 우수성은 실재'감', 현장'감'을 '높이면' 되는 정도의 문제로 판별된다.

2. 포스트휴먼과 인간의 두뇌 담론

1) 조작되고 만들어질 수 있는 인간

포스트휴먼 관련 논의는 유전자 조작 혹은 기계와의 결합을 통한 강화인간, 인공지능과 기계 몸이 결합한 완전한 기계 인간으로 진행하고 있다. 이러한 논의들은 확실한 전환의 논리이다. 물론 호모 사피엔스의 퇴장과 포스트휴먼의 등장은 기술의 발전 속도와 함께 설득력을 높여가고 있다. 하지만 포스트휴먼은 호모 사피엔스의 특징을 모두 물려받고 있으면서 그 한계를 예측하기도 힘들다. 사피엔스의 종말을 제기한 유발 하라리는 다음과 같이 이를 논평하고 있다.

> 하지만 미래 기술의 진정한 잠재력은 호모 사피엔스 자체를 변화시키는 것이다. 단순히 수송 수단과 무기만이 아니라 우리의 감정과 욕망까지 말이다. (…중략…) 이 사이보그가 번식도 하지 않고, 성별도 없으며, 다른 존재들과 생각을 직접 공유할 수 있다면 더욱 그렇다. 집중하고 기억하는 능력은 인간의 수천 배에 이르며 화를 내거나 슬퍼하지 않는 대신 우리가 상상조차 할 수 없는 감정과 욕망을 가지고 있다면 말할 것도 없다. 과학 소설이 그러한 미래를 그리는 경우는 드문데, 왜냐하면 정의상 정확한 묘사가 불가능하기 때문이다. 한마디로 이해 불능인 것이다. (…중략…) 아마도 우리와 미래의 주인공들의 차이는 우리와 네안데르탈인의 차이보다 더욱 클 것이다. 적어도 우리와 네안데르탈인은 같은 인간이지만, 우리의 후계자들은 신 비슷한 존재일 것이다. (하라리, 2015: 581)

하라리의 언급에서 알 수 있듯이, 네안데르탈인에서 사피엔스로의 진화는 우리가 결과로 받아들여야 하는 사실일 뿐이다. 그리고 인간을 뛰어넘는 진정한 차세대 인간은 아직 나타나지 않았다. 심지어 '정확한 묘사가 불가능'하다. 하지만 인간이 유전자 조작을 하든, 기계 인간을 만들든 간에 그 가능성만으로도 담론은 걷잡을 수 없이 확장된다. 그 가능성은 매우 구체적으로 우리 앞에 나타난다. "지난 40억 년이 자연선택의 기간이었다면, 이제 지적인 설계가 지배하는 우주적인 새 시대가 열리려 하고 있다"는 엄청난 주장에도 고개를 끄덕이는 시대가 왔다. 그리고 "자연선택을 지적 설계로 대체하는 일이 진행 중"(하라리, 2015: 564)이라는 말은 진화론과 창조론을 두고 벌어졌던 논쟁이 '과정'의 문제로 환원되었다는 것을 보여준다. 과정이라는 것은 그 귀착점이 논의의 대상이지만 결국은 받아들여야 할 현상이 되었다는 것을 함의한다. 그렇게 인식되기까지 우리가 눈으로 확인한 사실은 그러한 변화 과정을 예측할 수 있게 하는 계기들일 뿐이었다. 다음 하라리의 예를 보자.

브라질의 생물예술가인 에두아르도 카츠(Eduardo Kac)는 지난 2000년 새로운 예술작품을 창조하기로 결심했다. 녹색 형광 토끼였다. 그는 프랑스의 연구소와 접촉해, 자신의 설계대로 토끼가 빛을 내도록 유전자 조작을 해달라고 주문했다. 돈을 받은 연구소는 지극히 평범한 토끼의 배아에 녹색 형광을 발하는 해파리 유전자를 삽입했다. 그러자 짜잔! 녹색 형광 토끼 한 마리가 탄생했다. 카츠는 이 토끼에 '알바'라는 이름을 붙였다. (하라리, 2015: 563~564)

카츠는 최근 빠르게 발전하고 있는 '바이오 아트(BioArt)'의 주류에 자리잡고 있다.[3] 바이오 아트는 말 그대로 생물학과 예술을 접목한 분야이다. 이런 분야가 자연과학에서 뿐만 아니라, 예술의 한 사조로서 활동 영역을 넓혀가고 있다는 것은, 유전자 변형이 보편화되고 있다는 것을 사람들에게 인식시키는 중요한 증거가 되고 있다.

혼히 인간의 인공물이 인간을 압도한 예로 알파고(AlphaGo)와 이세돌의 대국을 든다. 이세돌이 한 번을 이겼으나, 누가 보더라도 알파고의 완승이었다. 인공지능 발전상을 인상적으로 보여주는 이러한 이벤트에 대중은 다시 한 번 인간의 한계를 분명하게 느끼게 된다. 논의는 인간의 능력과 인공지능의 가능성 간 대결로 옮겨간다. 우리는 아래에서 인간의 뇌가 가진 한계와 인공지능에 관한 논의들을 살펴보고자 한다.

2) 인간의 뇌, 한계의 활용

인간의 뇌는 인공지능이 발전하면서 그 조직과 작동원리와 관련해서 더 많이 논의되고 있다. 인공지능을 만들 수 있는 4차

---

3) "브라질에서 태어난 에두아르도 카츠는 최초로 '유전자 변형 예술(트랜스제닉 아트)'이라는 용어를 도입한 작가이며 현재는 미국에서 활동한다. 그는 흰 토끼에게 해파리의 형광 유전자를 주입하여 평소에는 다른 토끼들과 다를 것이 없지만 특정 대역의 빛 아래에서는 형광 녹색으로 색이 변하는 토끼를 만들었다. 그는 이 작품으로 사회적 관심과 논란을 불러일으켰다. 바이오 아트는 꼭 동물에만 표현하는 것은 아니다. 동물의 범주를 넘어 식물, 심지어 인간에게 표현하기도 한다. 에두아르도 카츠는 식물세포 원형질과 본인의 혈액에서 분리한 유전자를 융합하여 꽃잎 부분에 핏줄 같은 붉은 잎맥으로 발현된 유전자 변형 꽃을 만들기도 하였다."(Indipost, 2018)

산업 혁명 시대에도 '뇌의 신비'라는 말은 여전히 유효하다. 그리고 인간이 살아가는 동안에 뇌의 전체 역량에 일부분만 사용한다는 말 역시 많이 알려진 사실이다. 인간의 뇌는 1.4kg의 주름진 회백색 덩어리이다. 한 인간의 전체 질량에서 뇌는 작은 부분을 차지하지만, 소우주라고 불릴 정도로 복잡한 구조로 되어 있다. 뇌로 흐르는 혈액량은 전체 15% 정도에 이르고, 수천억 개의 신경세포와 교질 세포, 그리고 이것들을 연결하는 시냅스는 10조 개에 달한다고 한다. 하지만 이러한 생리학적 기술보다, 우리가 논하려는 뇌는 담론으로서의 뇌이다. 다음 바르트(Roland Barthes)의 언급을 보자.

아인슈타인의 뇌는 신화적인 대상이다. 그런데 역설적이게도 가장 뛰어난 지성은 최대로 개량된 기계의 이미지를 형성하며, 너무 강한 인간은 로봇의 세계로 들어가 심리학과는 멀어진다. 미래 공상 소설에서 초인간들은 언제나 무엇인가 사물화된 것을 가지고 있다는 사실을 우리는 알고 있다. 아인슈타인 역시 마찬가지이다. 사람들은 그를 표현할 때 일반적으로 진정으로 진귀한 선별된 기관인 그의 뇌를 가지고 이야기한다. (Barthes, 1957: 91)

바르트는 여기서 신화를 말한다.[4] 과학자 아인슈타인의 뇌는

---

4) 신화의 의미작용은 2단계로 나뉜다. 바르트의 신화론에 제시된 도식(Barthes,

의미부여(signification)의 대상이다. 그의 뇌가 갖는 일차 의미는
신체 일부이다. 그러나 우리는 아인슈타인의 뇌를 신체의 일부
로 해석하지 않는다. 아인슈타인의 뇌는 이제 신화적 차원에서
의미부여 된다. 그의 뇌는 '개량된 기계의 이미지'를 가지고, 그
가 없이도 따로 보존될 수 있는 사물로 여겨진다. 아인슈타인도
이 신화적 해석을 거부하지 않는다. "아인슈타인은 자신의 뇌를,
그것이 마침내 분해할 수 있게 된 별난 기계인 것처럼 두 병원이
서로 가지려고 다툰 그 뇌를 기증함으로써 이런 전설에 그 자신
이 약간 기여했다. 그를 보여주고 있는 그림에서 그는 머리에
전기 줄을 온통 감은 채 침대에 누워 있다."(Barthes, 1957: 92) 아인
슈타인의 뇌는 경쟁적으로 차지해야 할 대상이 되었다.

1957: 200)은 다음과 같다.

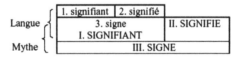

우선 첫 단계는 사전적 의미를 띤 랑그의 기호 차원이다. 여기에서는 이때의
기호(3. signe)는 기표(signifiant)와 기의(signifié)의 자연스러운 결합으로 생성
된다. 두 번째 차원은 신화의 차원이다.
이때 1단계의 기호는 기표(I. SIGNIFIANT)가 된다. 이 기표가 다시 사회에서
통용되는 기호가 되려면 기의(II. SIGNIFIE)가 필요하다. 이때 두 번째 차원에
서 기표에 기의가 결합하는 방식은 개인적 차원과 사회적 차원으로 나눌 수
있다. 개인적 차원에서 어떤 대상에 다양한 의미를 부여할 수 있다. 하지만
사회적 차원에서의 기의는 보편화의 과정을 겪는다. 이때의 기의는 개인적이
라기보다는 더 사회적이라고 할 수 있다. 신화 차원의 기표와 기의 결합을
프랑스어로 'signification'을 사용한다. 이 용어의 해석을 개인적일 때는 의미부
여, 보편화를 거쳐 사회적일 때는 의미작용으로 하는 것이 좋겠다.

오늘날의 뇌 역시 인간의 신체 일부라는 1차적 의미보다는 인공지능과의 비교 하에서 신화적 의미, 즉 사회 속에서 공감하는 담론 차원에서 해석된다. 이 해석은 트랜스휴머니스트들의 담론과 직접 연결된다. 이들은 "인간의 본성을 '미완의 작품: 강화 기술을 현명하게 사용해서 바람직한 방향으로 개조할 수 있는 초벌구이'라고 생각한다. 웹사이트나 출판물, 그리고 학회나 회합에서 그들은 원하는 사람들에게 "훨씬 더 길고 건강한 삶을 살고, 기억력이나 다른 지적 능력을 강화시키고, 정서적 경험과 행복에 대한 주관적 감각을 세련되게 가다듬고 전체적으로 자신의 삶에 대해 더 놓은 수준을 통제력을 행사하는 것"을 가능하게 해주어야 한다고 주장한다"(가로, 2007: 428). 신체의 개조나 발전에 대한 논의는 그 부족함을 인정했기 때문이다. 뇌의 논의에서 신체를 먼저 언급하는 것은 사실 뇌가 신체의 각 기관이 전해주는 정보를 해석하기 때문이다. 뇌는 볼 수도, 들을 수도, 느낄 수도 없다. 그렇다면, 결국 뇌의 정확성은 신체가 전달하는 정보의 질에 달려 있다. 다음 김대식의 언급을 보자.

눈, 코, 귀가 완벽하다면, 뇌가 해석을 할 필요가 하나도 없습니다. 우리의 눈, 코, 귀가 너무나 많은 문제를 가지고 있기 때문에 뇌는 눈, 코, 귀가 주는 정보를 있는 그대로 믿지 않게 되었죠. 뇌가 오감을 통해 정보를 획득한다는 것은 뇌가 해석을 한다는 것이고 해석을 한다는 것은 실수의 여지가 있을 수도 있음을 뜻합니다. 뇌가 하는

해석이 객관적이지 않다는 것이죠. (김대식, 2016: 54)

그럼에도 불구하고 뇌의 기능은 신체의 정보 전달 기능의 한계 때문에 대중에게 더 향상되어야 할 대상으로 인식된다. 컴퓨터와 뇌의 정보처리는 전체성과 즉시성에서 차이가 난다. 이는 모두 기억과 관련이 있다. 컴퓨터는 데이터의 중요성을 판단하지 않는다. 컴퓨터에 일단 입력되면, 데이터는 정확히 저장되고 언제든 활용될 수 있다. 뇌는 그렇지 못하다. 인간의 뇌는 "각 상황에서 저장할 가치가 있는 정보와 저장할 필요가 없는 정보를 구별하여 저장"(김대식, 2016: 52)한다. 이러한 차이는 지금이 정보의 시대라는 것을 감안하면, 인간의 뇌에 대한 신뢰를 저버릴 일도 없다. 컴퓨터를 기반으로 한 인공지능의 데이터 처리는 정확한 목적을 위해 수행된다. 하지만 인간의 뇌는 인간의 삶 전반을 관장해야 한다. 뇌는 인간의 지식과 감정이라는 인간 자체의 문제를 제어할 뿐만 아니라, 외부의 자극과 자극을 주지 않는 환경까지도 관리해야 한다. 다시 말해 인간의 뇌는 정보처리 차원보다는 생리적으로 그 기능을 검토해 보아야 할 것이다. 미겔 니코렐리스(Miguel Nicolelis)에 따르면, "뇌는 사실상 우주에서 진화되어 나올 수 있는 가장 경이로운 시뮬레이터"이다. 그리고 "충실하고 인내심 있게 실재의 모델을 구축하는 모델제작자처럼, 뇌의 주요 임무도 우리가 인간으로서 존재하는 데 필수적인 행동들을 만들어내는 것이다"(니코렐리스, 2012: 47). 뇌의 생리학적 목적은 다음과 같이 정리할 수 있다.

(a) 항상성(homeostasis)이라는 포괄적인 생리학적 과정을 통해 우리 몸을 작동 가능한 상태로 유지하는 것.

(b) 외부세계와 우리의 삶 그리고 이 양자 간의 끊임없는 조우에 대해 자세한 모델을 구축하고 저장하는 것.

(c) 이런 내적 모델을 시험하고 갱신하는 데 사용할 새로운 정보를 찾아 능동적이고 지속적으로 주변 환경을 탐사하는 것. 여기에는 경험을 통한 학습도 들어가고, 미래의 사건을 예측하고 그 사건에 따르는 결과, 비용, 혜택을 잠재적으로 예상함으로써 그에 따르는 이득을 예상하는 행위도 들어간다.

뇌는 인간의 내적, 외적인 모든 상황을 제어할 수 있는 모델을 생성할 뿐이다. 그 모델을 만드는 데 필요한 정보들은 간접적이며, 뇌는 이 정보들을 해석하는 데 적극적으로 개입한다. 인간의 뇌 기능이 그러하다면, 뇌는 모델을 만드는 데 필요한 정보들을 제외하고, 수용한다는 것이다. 다시 말해, 뇌는 형체, 색상, 나아가 인간의 행동을 대략적으로만 저장하여 활용한다는 것이 아니라, 그 모델화에 필요한 정보들을 선별하여 해석한다. 찰스 퍼니휴(Charles Fernyhough)의 다음 논의를 보자.

우리의 기억은 세부사항은 건너뛰고 우리가 저장하려고 하는 정보의 실제적이고 유용한 의미에 집중하면서 맡은 바 임무를 대체로 잘 수행한다. 기억할 필요가 있는 것은 기억하고 나머지는 잊는다. 기억이 현재 태도에 조정되는 편향(bias)이나 실제로 경험하지 않았던 사건을 기억한다고 주장하는 피암시성(suggestibility) 같은 기억의 오류들은 사건을 재구성할 때 여러 다른 출처의 정보들을 취합하는 조합적 체계가 작동되고 있음을 반영한다. 대니얼 샥터와 도나 로즈 애디스의 말을 빌리자면, 그와 같은 실수는 "과거에 실제로 일어난 것을 기억하는 능력을 받쳐주는 적응적이고 구성적인 과정들이 건강하게 잘 돌아감"을 입증하는 것이다. (퍼니휴, 2020: 189)

위와 같은 언급은 니코렐리스가 제시한 뇌의 생리적인 목적 중 세 번째 논의와 연결된다. 뇌는 현재와 과거의 경험들뿐만 아니라 미래를 예측하는 데도 사용된다. 그런데, 과거를 정확히 기억해내지 못하는 것은, 뇌의 본래 기능에 포함된 것이든 아니든 미래를 예측하는 데 중요한 역할을 하는 것으로 보인다. 퍼니휴는 이에 관해 "기억의 오류가 실패가 아니라 성공의 표시로 볼 수 있다"고 언급한다. 그는 "정보를 저장하는 체계는 어떤 것이든 실수를 하게 마련이지만, 있는 그대로 기억하는 푸네스의 체계에 비하면 우리가 가진 재구성적인 기억 체계의 실수는 그럭저럭 용인할 만하다"(퍼니휴, 2020: 188)고 평가한다. 즉, 기억의 오류는 그 자체가 중요한 것이 아니라, 재구성을 통해 미래를 예견하는 데 활용된다는 점에서 주목해야 할 사항이다. 이 부분에 대한 퍼니휴의 단정은 뇌와 인공지능의 담론에 있어서 매우 의미심장하다.

　　기억의 잘못들은 우리의 기억 체계가 어떻게 작동하는지 밝혀줄 뿐만 아니라 그것이 왜 진화했는지에 대한 단서도 제공한다. 과거를 불러오는 능력은 기억 체계가 진화하는 과정에서 생겨난 좋은 부산물에 불과할 수도 있다. 우리가 하나의 종으로서 지금까지 이어져 내려오는 동안 이보다 더 가치 있는 것은 미래를 예측하는 능력일 수도 있다. (퍼니휴, 2020: 188)

　　그렇다면, 뇌와 컴퓨터의 지능은 서로 다른 목표를 향한다고 할 수 있다. 따라서 뇌와 인공지능 간의 비교는 그 기준이 다양해야 할 것이며, 정확성이나 정보 활용 능력으로만 따질 것이 아니다. 문제는 현실을 파악하는 데에 있는 것이 아니라, 인간의 뇌가 인위적으로 수정 가능하다는 근거 있는 예측에 있다. 라메즈 남(Ramez Naam)의 다음 언급은 개선되어야 할 뇌에 관한 논의를 잘 요약하고 있다.

　　신경 인터페이스 기술은 충분히 논의할 만한 가치가 있다. 그 기술이 곧 현실화할 것 같아서가 아니다. 실제로 그런 기술의 현실화는 아직 임박하지 않았다. 그러나 이 기술은 인간의 삶에 지대한 변화를 가져올 것이기에 논의해 볼 만하다는 것이다. 뇌의 활동에 직접 손을 대거나, 뇌 내부 활동과 컴퓨터를 직접 연결할 수 있다면 인간은 스스로 변혁하는 능력을 얻게 된다. (…중략…) 자기 감정을 실시간으로 통제하고, 자신의 개성을 마치 덧칠이라도 하듯 바꿀 수 있다. 또 마음속 깊숙한 생각과 감정을 다른 사람과 교환하는 것은 물론, 컴퓨터의 능력을 마치 자신의 일부인 것처럼 활용할 수도 있다. 이런 능력은 정체성과 개성에 대한 인식에 중대한 의문을 던질 것이다. 이런 기술이나 능력을 통해 인간과 기계의 경계뿐 아니라 사람과 사람 사이의 경계마저 애매해질지 모른다. 정신과 컴퓨터를 통합하고, 이를 통해 인간 상화 간에 정신을 통합하는 것은 인간이란 도대체 어떤 존재인지에 대한 개념에 도전하는 것과 같다. 이는 (…중략…) 인간의 개념에 대해 근본적인 의문을 던진다. (남, 2007: 236)

위 언급에 앞서 남은 이 논의들이 "과학 소설에 불과한 얘기"(남, 2007: 235)라고 전제한다. 하지만 '현실화가 임박하지도 않은' 기술은 '인간의 삶에 지대한 변화를 가져올 것이라는 예측'으로 대중의 기억에서 사라진다. 대중들은 자신들에게 닥칠 변동에만 눈이 간다. 실제로 산업혁명이란, 적응하는 자에게는 막대한 이익을, 뒤처진 자에게는 지금의 일자리도 앗아가 버리는 잔인한 변혁이었기 때문이다.[5]

---

5) 팀 던럽(Tim Dunlop)은 이와 관련하여 데이비드 오토(David Autor)의 논문 「왜 아직도 그렇게 많은 일자리가 있는가?(Why Are There Still So Many Jobs?)」를 분석한다. 던럽은 오토가 기술적 실업의 두려움은 실현될 어떤 것이 아니

3) 뇌와 인공지능

신체의 일부로서 뇌에 대한 논의는 결국 인공지능의 등장과 관련하여 크게 두 가지로 정리될 수 있다. 첫 번째는 뇌가 보완되어야 할 존재이며, 지금의 기술 발전으로 봐서 뇌의 기능이 충분히 개선될 수 있다는 주장이다. 위 라메즈 남이 쓴 저서의 머리말 표제는 "치료 또는 능력 강화"이다. 여기서 치료와 능력 강화는 선택 사항들인 것처럼 제시된다. 실상은 치료를 통해 강화 인간의 가능성을 엿본 것일 뿐이다. 남은 도벨(William Dobelle)의 시각 회복 임플란트 장치에 주목한다. 도벨은 임플란트 기계를 통해 시각 장애인들이 일상생활을 할 수 있을 만큼의 시력을 얻게 해주었다. 그의 이러한 성과는 새로운 예측을 낳았다. 이 장치가 제공하는 영상신호의 시작은 현실이 아니라 모든 미디어가 될

라, '불안'의 상태에 머물러 있다고 지적하는 것에 주목한다. 다음 언급을 보자. "우리는 그[오토]가 여기서 불안이란 단어를 '불필요한 공포' 정도의 의미로 쓰고 있다는 걸 알 수 있는데, 그건 그가 이미 1960년대와 그 이전에 나온 유사한 두려움들을 웃어넘길 수 있게 했기 때문이다. 이는 말하자면 과거에 대한 호소의 변형이다. 과거가 기술이 일자리를 없앤 반면, 그만큼 많은 일자리를 새로 만들기도 한다는 걸 보여주었지만, 사람들은 지금 기술적 실업에 대해 너무 겁을 내고 있으며 너무 나쁜 쪽으로 보고 있다. (⋯중략⋯) 내 경우 좀 당혹스럽다. "대폭 개선된 전산 능력과 인공 지능, 그리고 로봇 공학이 등장하면서 일찍이 보지 못한 대규모의 노동 대체 가능성이 제기되고 있다." 면서 곧이어 그런 두려움을 불안으로 축소하는 건 좀 이상하기 때문이다."(던럽, 2016: 101) 마지막 던럽의 언급은 역설적으로 기술의 발전과 현재의 불안 사이에 있는 인간의 모습을 더 분명하게 보여준다.

수 있다. "컴퓨터, DVD 플레이어, 비디오 게임 콘솔, 가상현실 시스템, 원격 감시 카메라, 또는 다른 사람이 지닌 카메라든 상관 없다. 그런 영상 장치들은 그 자체가 인간의 눈을 초월한 능력을 지닌다. 디지털 줌을 원하는가?"(남, 2007: 247) 이렇게 함으로써 인간의 시각적 한계는 가시광선을 초월하게 된다. 인간이 강화 인간이 되는 지점이 바로 여기이다.[6]

두 번째는 인공지능과 인간의 뇌를 비교 분석하는 것이다. 이 부분에 대해 이대열의 "컴퓨터는 뇌와 같아질 수 있나"라는 질문 을 참조하여 논의를 진행해가겠다. 이대열의 이 질문에 대한 결 론은 부정적이다. 그 이유를 세 가지로 제시한다. 우선 첫 번째는 인공지능은 분명한 문제를 해결할 때 적합하고, 생존과 번식에 서 발생하는 복잡한 문제를 인공지능은 해결하지 못한다. "인간 에 의해서 개발된 인공지능은 당연히 인간이 직접 다루기를 꺼 려하는 문제에 특화되어 있다."(이대열, 2017: 64~65) 두 번째는, 인공지능이 해결하는 문제들이 인공지능 자신을 위한 것이 아니

---

6) 인간의 뇌를 비외과적으로 자극했을 때, 인간은 일종의 유체이탈을 경험할 수 있다는 실험이 있다. "스톡홀름의 카롤린스카 연구소에 있는 헨리크 에르 손(Henrik Ehrsson)은 가상현실 장치를 이용해서 건강한 피험자의 시각 신호 와 촉각 신호를 조작해보았다. 이 실험에서 피험자들은 자기 몸을 벗어나 완전 히 새로운 몸을 소유하기도 하고, 다른 누군가와 몸을 바꿔치기도 하는 등의 이상한 느낌을 경험했다."(니코렐리스, 2012: 110) 이 경우 포스트휴먼에 관한 논의 중 하나인 아바타나 가상현실의 자아 등, 정체성의 문제와 연결될 수 있다. 이러한 논의들은 아직 실험 단계일 뿐 그 구체적으로 현실에서 재현된 바는 없다.

라는 점이다. 이때 인공지능이 보여주는 결과들은 인간의 지능을 재현한 것이다. 세 번째는, 인공지능과 인간의 뇌를 비교하는 일은 시작부터 불가능하다는 것이다. 그 이유는 인간의 뇌가 수행하는 정보처리 방식이 정확히 밝혀지지 않았기 때문이다.[7] 보통 인간의 뇌와 인공지능의 비교에서 시냅스와 트랜지스터를 비교한다. 이대열은 시냅스의 가변성을 주요한 차이점으로 꼽는다. 여기서 가변성이란, 트랜지스터가 신호를 전달하는 역할만 한다면, 시냅스는 과거에 자신이 처리했던 신호에 따라 다른 출력을 만드는 것을 말한다. 다시 말해, 시냅스는 스스로 상황에 따라 전달되는 신호의 강약을 조절한다. 따라서 하나의 트랜지스터와 하나의 시냅스는 서로 비교할 수 없다. "물론 시냅스가 트랜지스터보다 복잡하다고 해서 컴퓨터가 인간의 뇌를 결코 따라잡지 못할 이유는 없다. 언젠가는 수많은 트랜지스터가 결합된 집적회로로 시냅스의 기능을 구현하는 것도 가능할지 모른다. (…중략…) 하지만 부품의 사양이 대등해지는 것만으로 컴퓨터가 뇌와 같아질 수는 없다. 둘 사이에는 더 근본적인 차이점이

---

7) 이미솔·신현주(2020: 64~65)는 이 부분을 다음과 같이 논평하고 있다. "뇌를 컴퓨터와 같은 기계로 비유하는 데 찬성하지 않는 연구자도 많다. 이들은 인간 두뇌를 일종의 계산 장치라 할 수 있지만 뇌가 곧 기계라고 단정할 수는 없다는 신중한 입장이다. 이들은 뇌의 기본 단위인 신경세포가 신호를 주고받는 방식과 0과 1의 이진법을 사용하는 컴퓨터의 작동 방식이 일치하는 점이 발견되었지만 아직은 인간의 뇌가 어떻게 정보를 처리하고 저장하는지 완전히 이해하지 못하고 있다는 점을 지적한다."

있다. 컴퓨터가 어떤 일을 할 수 있는지는 중앙처리장치와 컴퓨터의 메모리 같은 하드웨어에 의해서가 아니라, 소프트웨어라고 부르는 컴퓨터의 프로그램에 의해서 결정되기 때문이다."(이대열, 2017: 65~66)

결국, 뇌와 인공지능은 직접적인 경쟁 관계에 있지 않다는 결론에 이른다. 하지만 기술은 말 그대로 기하급수적으로 발전하고 있다. 이 발전 속도를 통해 레이 커즈와일(Raymond Ray Kurzweil)은 2045년에 기술적 특이점, 즉 인공지능이 개별 인간의 능력을 뛰어넘는 지점이 올 것으로 예상했다. 하지만 앞서 말한 바와 같이, 이 글의 관점에서는 인간의 뇌와 인공지능이 경쟁 관계가 아니라는 점에서 커즈와일의 연구를 다시 볼 필요가 있다. 기술의 발전은 단순히 인간의 편의만을 위해서 발전하지 않는다. 이 발전은 인간에게 영향을 주게 마련이다. 그리고 인간 역시 고도의 창의력으로 이 기술적 특이점 이후에도 기술 발전에 절대적인 영향을 끼칠 수 있다. 실제로 인공지능의 개발과 발전이 지향하는 목표가 인간의 한계를 극복하는 데만 있지 않다는 예상은 이 인간의 창의력이 미칠 영향 때문이기도 하다. 다음과 같은 커즈와일의 생각은 인간의 뇌와 인공지능의 경쟁이 담론에 그칠 뿐이라는 것을 보여준다.

가상현실에서는 하나의 인성만 가질 이유가 없다. 외모부터 바꿔서 다른 사람이 될 수 있기 때문이다. 현실의 육체는 가만히 놓아둔 채 3차원 가상 환경에서만 모습을 바꿀 수 있다. 동시에 여러 사람에게 서로 다른 모습을 보여줄 수도 있다. 부모님에게는 이러한 사람으로, 애인에게는 저런 사람으로 비칠 수 있는 것이다. 그런데 오히려 당신과 만나는 상대방이, 당신이 택한 모습이 아닌 다른 모습으로 당신을 보고자 할지 모른다. 상대방의 모습을 내가 지정해서 보는 것도 가능할 것이기 때문이다. (커즈와일, 2007: 433)

커즈와일의 저서에서 이 부분의 표제는 〈어떤 영향들을 겪게 될 것인가?: 뇌에 미칠 영향〉이다. 가상현실은 인공지능이 인간에게 극적으로 제공해 줄 수 있는 또 다른 생활공간이다. 이 가상현실은 인간이 인지한 감각 데이터를 뇌가 해석한 것이다. 한편으로는 현실보다 가상현실이 생활의 중심이 되며, 가상현실과 실제의 정체성들이 뒤섞이면서 많은 문제들이 발생하고 있다. 하지만 가상현실은 인간의 생물학적 약점을 파고 든 바이러스 같은 것이 아니다. 그리고 그 현실에 익숙해지는 것이 마치 면역력이 생기는 것과 같지도 않다. 가상현실이 결코 우리의 몸을 넘어설 수 없다는 단정적인 부정을 다루지는 말자.[8] 여기서 주목할 것은 우리 뇌의 유연성이다. 러니어는 가상현실에 우리의 뇌

---

8) "나는 여전히 뇌가 가짜를 감지하는 일에 점점 나아질 거라고 생각한다. 우리가 현실의 〈상호작용성〉 뛰어넘을 수 없음을 명심하라. 언젠가 지금보다 훨씬 많은 색깔을 볼 수 있는 초고해상도 인공 망막으로 시력을 강화하더라도 지각의 핵심은 상호작용, 즉 탐색일 것이다."(러니어, 2018: 84)

가 가상현실과 현실을 구분할 것이라고 단정한다. 그에 따르면 "우리의 뇌는 한곳에 고정되어 있지 않다. 매우 유연하며 잘 적응한다. 우리는 고정된 표적이 아니라 창조적 과정이다"(러니어, 2018: 87). 그리고 러니어는 이 창조적 과정이라는 언급을 강조하기 위하여, 인간은 자기가 살고 있는 시대의 가상현실에는 속지 않는다고 말한다. 인간은 과거나 미래의 가상현실은 진짜로 착각할 수 있다. 그것은 그 가상현실들이 '재현'된 것이기 때문이다.[9] 러니어의 말을 종합하면, 결국 가상현실은 착각의 대상이 아니라, 경험을 통해 뇌의 사고 지평이 넓히는 과정을 보여주는 일종의 수단일 뿐이라는 것이다.

우리는 고품질의 VR을 접하면 감식안을 더욱 발휘한다. VR은 근사한 최신 기기가 더는 고품질로 보이지 않을 때까지 우리의 지각을 훈련시킨다. VR이 발전하면 할수록 앞선 VR은 퇴물이 된다. VR을 통해 우리는 물리적 현실을 현실로 만드는 것을 감지하는 법을 배운

---

9) 과거와 미래는 역사가와 미래학자들에 의해 재창조된 구성물이다. 미래는 현재 기술 발전의 추이를 따라 예측 가능한 미래 사회를 그럴듯하게 그려보는 일일 뿐이다. '언어적 전환'에 따라 과거는 언어로 재현되어 후대에 전승된다. 다음 태지호의 인용 섞인 단언은 주목할 만하다. "카(E. H. Carr)의 역사적 사실로서의 사건은 실제 하나의 연속적인 요소로서 '거기에' 있을 뿐이며, 그 사건은 이야기 요소로서 '기능하지'는 않는다(White, 1979: 17). 이는 역사가 역사가의 중재작업을 통해 재창조된 과거에 대한 일종의 구성물임을 의미하는 것이다(Dosse, 1999: 79; Jenkins, 1991: 43). 즉 역사가들이 이러한 개별적인 사건들을 특정한 이야기로서 구성하고, 의미하며, 여기에 일련의 규칙을 부여하는 역할을 하게 된다(태지호, 2014: xiv~xv)."

다. 우리는 시시각각—대개는 무의식적으로—몸과 생각을 가지고 새로운 탐색 실험을 수행하는 법을 배운다. 최고 품질의 V R을 접하면, 물질성을 파악하고 향유하는 능력이 정교해진다. (…중략…) 우리의 뇌는 한곳에 고정되어 있지 않다. 매우 유연하며 잘 적응한다. 우리는 고정된 표적이 아니라 창조적 과정이다. (…중략…) 일부 사람들을 그 시대의 부모로 속이거나 모든 사람을 미래의 VR로 속일수는 있지만 모든 사람을 그 시대의 VR로 속일 수는 없다. 그 이유는 인간의 인지가 변화하며 일반적으로 VR의 발전 속도를 능가하기 때문이다. (러니어, 2018: 84~85)

결국 강조하는 것은 인간의 뇌가 보여주는 창의성이다. 앞서 언급했던 바이오 아트처럼 인간은 지적 노력의 산물을 필요를 메우는 데만 사용하는 것이 아니라, 예술 활동에 활용한다. 가상현실 역시 마찬가지이다. 인간은 이것을 현실의 확장에만 활용하지 않는다. 가상현실을 예술작품에 활용한 예를 진경아는 재매개(remediation)와 연결하여 설명한다. "오늘날 재매개는 비매개와 하이퍼매개를 거쳐 사용자를 재매개하는 방향으로 진화하고 있다. 디지털 미디어는 인터넷과 사이버 공간 등에서 새로운 자아를 창조해내면서 점차 인격화해 가고 있다. 네트워크상의 자아는 비매개의 몰입감과 하이퍼매개의 각성 작용을 통해 현실과는 또 다른 자아로 재매개 된다. 결국 미디어가 사용자를 새로운 자아로 재매개하고 있는 것이다."(진경아, 2014: 34)[10]

니콜라스 네그로폰테(Nicholas Negroponte)가 저서 『디지털이다 (Being Digital)』에서 한 가상현실에 대한 정의는 뇌가 받아들이는 정보와 관련하여 주목할 만하다. 이러한 정보 수용의 방식을 통해, 인간의 신체가 재매개의 수단이 된다는 사실은 더욱 분명해 진다. 네그로폰테는 '가상현실'이 '가상'과 '현실'이 조합한 이 용어가 '최상의 모순어법'이라고 규정하면서 "층위를 달리하는 실재세계와 가상세계를 인공감각을 통해 상호대체하는 기술을 이용함으로써 거기에 있는 것 같고(being there), 그것이 있는 것 같은(being thing) 감각을 느끼게 하는 것"(네그로폰테, 1995: 110~111)이라고 정의한다. 실제의 경험과 디지털 경험의 교차는 물론 인간의 착각에 기인한다. 하지만 일단 경험하고 나면, 인간은 가상과 현실에서 길을 잃는 것이 아니라, 그 경험의 지점에서 새로운 창의성을 발휘한다. 그러면서 가상의 세계는 더욱 정교 해진다. 이는 기술의 발전이라는 말만으로는 이해하기 어렵다. 인간의 감각은 경험을 통해 확장되어 가고, 이미 수용된 경험을 기존의 경험과 혼합해 새로운 경험을 향해 나아간다. 이는 실제 가상과 실재의 경계를 흐리게 한다. 가상이든 실재든, 그리고

---

10) 재매개는 예전의 텍스트들이 기술의 발전에 따라 새로운 미디어를 통해 개조 되는 것을 말한다. 이때의 올드 미디어로 재현된 텍스트는 새로운 미디어를 통해서 그 자체로 또 다른 가치를 가진다. 비매개(transparent immediacy)는 시청자를 몰입시키기 위해서 만들어진 영화, 드라마, 예능 프로그램 등을 말한 다. 하이퍼매개(hypermediacy)는 보는 자에게 미디어를 환기시켜 줄 목적으로 만들어진 시각적 표상 양식이다.

그 혼합이 만드는 어떤 결과물도 모두 경험의 한 가지일 뿐이다. 전혜숙의 다음 논의는 우리의 가상과 실재에 대한 논의가 인간이 뇌에서 받아들이는 정보의 착각에서 비롯된 것이지만, 지금까지 계속 확대되어 왔다는 것을 알 수 있다.

　　가상현실의 효과, 즉 물질성과 비물질성, 실제성과 일루전, 유동성과 부동성 사이의 긴장 및 타협의 문제는 초기 영화감상과 관련된 이론적, 역사적 논쟁의 중심을 이루었던 소위 '기차 효과(train effect)'[영화: 기차의 도착(L'Arrivée d'un train en gare de La Ciotat)]로 거슬러 올라가 대비시켜볼 수 있다. 그런데 이 영화가 불러일으킨 공포에 가까운 효과는 관객이 그 기차를 현실에서의 기차와 똑같다고 느낀 것, 즉 이미지가 지닌 실재성에서 연유한 것이 아니었다. 기차가 자신들을 향해 돌진하고 있다는 움직임의 착시와 환상의 느낌 때문이었다. 기차의 움직이는 이미지는 스크린의 프레임 안에 있었음에도 불구하고 관람자가 속해 있는 현실과 기차가 존재하는 스크린의 가상의 경계가 무너지는 효과를 경험한 것이다. 따라서 우리는 '기차 효과'가 일련의 다른 긴장들의 선상에서 작용했다는 것을 알 수 있는데, 그것은 단순히 이미지의 유동성과 관람자의 부동성 사이의 긴장이 아니라, 극장의 물질성과 움직이는 이미지의 가상성 사이에 존재하는 긴장 관계로부터 생성된 것이었다. (전혜숙, 2011: 266).

위에서도 볼 수 있듯이, 기차 효과는 전적으로 공간의 물질성, 이미지의 가상성이 결합한 결과이다. 〈기차의 도착〉 이후에 영화는 엄청난 발전을 거듭해왔다. 흑백 무성 영화는 4D IMAX 영화에 이르렀다. 하지만 아직도 영화는 영화이고, 실재는 실재이다. 영화를 보는 관객들이 더 실감 나는 장면을 요구하면서, 그것을 재현하는 기술은 계속해서 섬세하게 발전하고 있다. 전혜숙은 인간이 가상현실을 접하기 위해서는 "수단으로서 인터페이스"(전혜숙, 2011: 265)가 필요하다고 단정한다. 그렇게 해서, "가상현실의 작용은 현실세계의 물질적 오브제를 그대로 가져다 놓는 것이 아니라 단지 감각을 재현함으로써 그것을 있는 것처럼 느끼게 하는 것이다"(전혜숙, 2011: 265). 이렇게 우리의 뇌는 인공지능과 경쟁하는 것이 아니라, 인공지능을 통해 수용할 수 있는 정보를 확대해간다.

가상 공간에 대한 예술적 실험은 계속 이어져 왔다. 폴 서만(Paul Serman)의 〈텔레마틱 꿈(Telematic Dreaming)〉은 서로 멀리 떨어져 있는 두 주체가 영상을 통해서 마치 한자리에 있는 것처럼 교감하는 장면을 보여준다. 두 주체는 각각의 침대 위에 누워있고, 각기 상대방의 침대 위에 투사된다. 두 사람은 서로 만질 수 없지만, 마치 만지는 것과 같은 행동을 한다. 두 사람은 서로 눈으로 만지는 것이다. 이 작품은 간단한 영상 인터페이스의 조작으로 가능하다. 물론 기술이 발전하면서 더 섬세한 영상을 마주할 수 있을 것이다. 이 작품에 대한 주체의 반응은 앞서 〈기차 효과〉에서 보았던 것과 같이, 침대라는 공간의 물질성과 상대방의 영상으로 나타나는 이미지의 가상성이 결합한다. 이러한 간단하지만 창의적인 실험은 인간의 뇌가 어떻게 인지 정보를 예술적 차원에서 자기화하는지 잘 보여준다. 뇌과학의 논의들을 빌지 않더라도, 이러한 인간의 반응은 뇌가 수용한 정보를 창의적으로 재해석한다는 것을 알 수 있다.

3. 비교와 경쟁: 새로운 담론의 시작

이 글은 인간의 두뇌와 인공지능 사이의 비교 담론을 종합하고자 하는 목적에서 작성되었다. 인간의 두뇌에 대한 논의는 지능에 관한 연구들과 깊이 관련이 있다. 그리고 이 연구들은 인공지능과의 비교에서 근거로 사용된다. 따라서 우리는 인간의 뇌와 인공지능이 비교되는 지점을 살펴보았다. 우선 우리는 유발 하라리의 연구에서 아직 차세대 인간이 나타나지 않았지만, 그 논의가 지나치게 구체적으로 진행되고 있다는 점을 지적하였다. 다음으로, 인간의 뇌가 생리학적으로 존재하는 것과 인공지능이 계발되는 목적이 서로 다르다는 것이다. 인간의 뇌는 인간의 삶 전체를 모델화하고 제어하는 데 관여한다. 그리고 과거의 사실을 종합하여 미래를 예견하는 데 있어, 뇌의 부정확성은 오히려 창의적으로 작동한다. 마지막으로 컴퓨터와 인공지능의 구조를 우리가 완전히 파악하고 있는 것과 달리, 인간의 뇌가 작동하는 기제는 아직 완전히 밝혀지지 않았다. 그리고 인간의 뇌는 감각 기관의 정보를 수용하는 데 자신의 해석을 개입시킨다. 그에 따라, 인간이 가진 인지능력의 불완전성은 오히려 인간의 경험을 확대하는 데 결정적인 역할을 한다. 인간의 뇌 담론은 앞서 말한 것처럼 인간의 지능 담론들과 연결되어 있다. 따라서 이 글에서의 연구 논의는 인간의 지능과 인공지능과의 비교 담론을 검토하는 것으로 이어져야 할 것이다.

해나 프라이(Hannah Fry)는 『안녕, 인간(Hello, World)』의 에필로그에서 '주도권은 우리에게 있다'고 강조한다. 프라이는 체스 세계 챔피언 카스파로프(Garry Kimovich Kasparov)가 딥블루에게 패한 뒤, 컴퓨터 체스를 더욱 연구하여 창조적인 전략을 수립하고 있다는 점에 주목한다(프라이, 2019: 301). 그 결과 체스 경기의 수준은 더욱 높아지게 된다. 프라이는 결국 인공지능의 알고리즘을 인간이 활용하는 방식에 주목한다. 아무리 좋은 알고리즘이라도 결국 인간의 지배하에 있다고 보는 것이다. 하지만 프라이의 이러한 논의가 온전한 단정이 아니라는 데 주목하여야 한다.

오만하고 독재적인 알고리즘은 지난 일이 되는 미래, 기계를 객관적인 만능 해결사로 우러러보지 않고, 또 다른 권력의 하나로 대하는 미래다. 그러려면 우리는 알고리즘의 결정에 물음을 던져야 한다. 그런 결정 아래 깔린 동기를 꼼꼼히 살펴야 한다. 우리가 느끼는 감정을 인정해야 한다. 누가 이익을 얻는지 알려 달라고 요구해야 한다. 알고리즘이 저지른 실수의 책임을 알고리즘에 물어야 한다. 현실을 모른 채 안주하기를 거부해야 한다. 바로 이것이 알고리즘의 모든 효과를 사회에 바람직한 힘으로 만들 미래로 가는 열쇠다. (프라이, 2019: 301~302)

윗글은 프라이가 알고리즘, 즉 인공지능을 계속 인간의 주도권 하에 두기 위해 강조하는 내용이다. 이러한 주문은 아직 실현되지 않은 사실이다. 이렇게 할 수 없는 것이 아니라, 아직 위와 같은 내용이 담론으로 형성되지 않은 것이다. 하지만 인공지능이 인간을 압도하는 세상, 즉 인간이 자율성을 잃고 기계에 종속되는 디스토피아(dystopia) 담론은 다양한 미디어에서 재현되고 있다. 인간과 인공지능이 경쟁한다는 담론은 매우 단순한 결론으로 치닫고 있다. 컴퓨터의 연산, 정보 기억과 저장 능력은 이미 인간을 훨씬 앞서 있었다. 이제 인공지능은 연산 능력을 활용하여, 막대한 정보를 분류하고 자율적으로 해석하는 뇌의 기능 중 일부를 수행하려고 한다. 하지만 본론에서 살펴보았듯이 인간의 뇌와 인공지능은 경쟁하지 않는다. 이들은 접점을 가지고 다른 방향으로 발전해가고 있다.

포스트휴먼과 지능 담론

: 디스토피아 담론의 위협

1. 디스토피아의 상정

인공지능의 급속한 발전은 인간 지능과의 비교를 무의미하게 만들고 있다. 인간 지능이 이 시대가 요구하는 막대한 데이터의 축적과 종합, 필요한 정보를 즉시 사용 가능한 형태로 제시하는 지능적 컴퓨팅을 할 수 없다는 것은 당연하다. 이런 일들을 대신하기 위해 인공지능은 다양한 형태의 인터페이스로 발전과 확산을 거듭하고 있다. 한편, 인간의 두뇌는 아직 그 완벽한 기제가 이론적·실체적으로 드러나지 않았음에도 불구하고, 영화, 드라마, 소설 등에서 그럴 듯하게 재현되고 있다. 거대 정보통신 기업 연구원들의 전망이나 확신에 찬 담론으로 빚어진 인공지능이라는 존재는 오감을 통해서 사람들에게 각인된다.[1) 담론으로 존재하게 된 인공지능은 무한한 해석의 대상이 된다. 이 해석을 통해, '생각하는 인간'은 포스트모더니즘의 논의와는 또 다른 평가를 받게 된다. 즉, 완벽하지 않아서 현실을 더 다양하게 받아들이며, 가상의 세계까지도 받아들일 수 있는 창의적인 존재로 재조명되기에 이른다.2) 하지만 인간의 미래에 대한 전망은 항상 낙관적이지만은 않다. 특히, 인공지능이라는 새로운 존재에 대한 해석은 '디스토피아(Dystopia)' 도래에 대한 불안의 일부분을 차지한다.

---

1) 인공지능의 폐해에 대한 많은 실제와 가상 상황에 대한 논의에도 불구하고, 현실은 인공지능이 가져다주는 혜택은 생활 전반에 고루 퍼져 있다. "인공지능은 정보를 모으고 분류하고 이용하는 것을 인간보다 더 빠르고 정확하게 수행해 인간의 능력을 증강시킨다. 그 결과 자동화가 인간의 물리적·정신적 한계를 넘어 모든 생활에 연결된다. 자동차 운전 같은 노동에서 해방되거나 인간의 실수로 인한 사고 위험을 줄일 수 있다. 의료 분야에서는 인공지능이 인간보다 더 정확히 진단하고 병을 예방하게 해 인간의 수명을 늘릴 수 있다. 지금과 같은 암기식 교육 대신 개개인의 특성과 발전 과정에 맞는 맞춤형 교육이 가능하다. 사회문제와 공공서비스를 향상시켜 질 높은 생활을 가능하게 한다."(김대호, 2018: 4)

2) 이 창의성은 인간이 세계 전체를 완벽하게 인식하지 못한다는 사실에서 기인한다. 인간의 창의성은 세계를 해석하면서 발생한다. "우리의 눈, 코, 귀가 너무나 많은 문제를 가지고 있기 때문에 뇌는 눈, 코, 귀가 주는 정보를 있는 그대로 믿지 않게 되었죠. 뇌가 오감을 통해 정보를 획득한다는 것은 뇌가 해석을 한다는 것이고 해석을 한다는 것은 실수의 여지가 있을 수도 있음을 뜻합니다. 뇌가 하는 해석이 객관적이지 않다는 것이죠."(김대식, 2016: 54) 이 주관적인 해석에 오류가 있을 수 있지만, 이 오류는 수많은 이야기를 만들어내고, 이 이야기는 또 다른 해석의 대상이 된다. 그러면서, 인류는 지식을 수정하고, 예술작품들을 창작해낸다. 세계에 대한 감각적 해석 관점과 포스트모더니즘의 이성에 대한 불신은 인간의 불완전성에 전혀 다른 방향의 접근 방식이라고 할 수 있다. 역설적으로 과학과 철학의 이 대립적 접근 방식은 인간을 통해서 다시 변증법적 관계를 갖는다. 이에 대한 논의는 다른 연구를 통해서 더 진전하기로 하겠다.

이 비판적 전망은 견고한 이야기로 인간 앞에서 꾸준히 재현되고 확산한다.

지금 재현되는 유토피아(Utopia)와 디스토피아를 통해 우리는 인간이 현실에서 느끼는 결핍과 불안을 엿볼 수 있다. 토마스 모어(Tomas More)가 자신의 소설에서 제시한 '유토피아'는 'no-man's land' 즉, '실재하지 않는 땅', '어디에도 없다'를 뜻하고 있다. 이 책은 영국 사회에 대한 비판과 불만을 담고 있으며, 여기서 유토피아는 영국 사회가 가진 결핍이 완전히 해소된 이상적인 영토로 묘사되고 있다. 즉, 유토피아는 그것이 현재에 존재하지 않는다는 사실에 대한 불만, 즉 결핍의 투영이다. 반면, 디스토피아는 우울한 인류의 미래를 재현한다. 이 미래에 대한 묘사는 정상적인 삶이 파괴당한 인류의 모습 혹은 지구의 멸망을 앞둔 인류의 절망적인 상황으로 채워진다. 재현된 세계로서 디스토피아는 당대 사람들이 두려워하는 현상, 존재, 사상이 지배하는 세상을 담고 있다. "20세기에 들어서는 '디스토피아' 소설들도 많이 나왔다. 기본적으로 1, 2차 대전을 거치면서 탄생한 인류 미래의 비판적 전망이라 할 수 있으며, 특히 핵무기의 등장이 의미심장한 계기가 되었다. 이제 인류의 역사는 스스로 자멸할지도 모르는 위험한 시대에 접어든 것이다. 또한, 환경오염과 자원고갈, 빈부격차 심화 등도 암울한 미래 사회의 전망을 낳는 요인들이다."(박상준, 2002: 105)

러다이트 운동(Luddite Movement)은 19세기 초에 일어난 기계 파괴 운동이다. 사람들은 육체노동을 대신하는 기계가 자신들의 일자리를 빠르게 잠식하는 데 위기감을 느끼고 기계 파괴 운동을 벌였다. 4차 산업혁명 시대의 네오러다이트 운동은 러다이트 운동과 유사하지만 다른 양상으로 전개된다. "'네오 러다이트 운동'은 빅데이터, 인공지능, 사물인터넷 등 4차 산업혁명이 일어나면서 새로운 기술이 기존 일자리를 대체할지도 모른다는 공포심에서 혁신을 반대하는 현상"(동양뉴스, 2020.1.19)이다. 공포심을 표출하는 대중의 방식은 폭력적인 행동이 아니라, 은밀한 담론의 축적으로 드러난다. 담론이 서로 교차하고 쌓여가는 모습은 이 공포심이 다양한 형태의 콘텐츠로 재현되고 있다는 사실에서 유추해볼 수 있다.

이 글에서 우리는 디스토피아 논의를 통해 인간의 지능 담론에 대해 고찰하고자 한다. 인간의 연산 능력을 당연히 앞서고, 스스로 학습하게 프로그램을 갖추고 있으며, 가르치지 않은 것도 판단하게 될 인공지능이 담론 속에서 인간의 지능과 어떤 관계를 맺는지 살펴볼 것이다. 특히 인간 지능과 인공지능의 경쟁에 대한 다양한 담론들을 보면서, 그 경쟁이 포스트휴먼 논의에서 어떤 위치를 갖는지 가늠해 볼 것이다. 이러한 연구들은 인간 지능의 열등함이나 나약함을 강조하기보다는 인공지능과의 차별적 특성을 부각할 수 있을 것이다.

2. 지배·피지배의 담론과 불안

1) 지배관계의 담론과 불평등

정보통신기술의 발전은 알고리즘이 우리 사회에서 인공지능이라고 불리는 타자로서 구체화하는 역사와 궤를 같이한다. 이 기술의 발전은 4차 산업혁명이라는 이름으로 지난 시절의 구체적 공간에서의 실물 교환 위주의 산업과 상업 체계를 완전히 뒤바꾸어 놓았다. 플랫폼의 등장으로, 사람들은 가상 세계에서 생활 전반을 영위할 수 있게 되었다. 플랫폼을 자처하는 기업들은 사용자들의 접속 형태와 이용하는 서비스의 유형과 습관을 데이터로 축적한다. 수집된 데이터를 통한 소비자의 성향 분석은 그 소비자의 다음 접속 때 소비를 유도하는 맞춤형 광고나 제품 추천에 활용된다. 이 분석 작업은 이제 인간의 몫이 아니다. 각 플랫폼 기업에서 개발한 인공지능은 편리하다고만 느껴지는 것이 아니라, 너무 당연해서 공포감을 심어준다. 아무도 모르는 사이에, 나에 대해서 나보다 더 잘 아는 인공지능, 나를 통제하는 인공지능을 마주하면서 사람들은 기술 발전에 놀라지만, 통제받는다는 억압감도 함께 느낀다. 또한, 인공지능이 대체한 인력의 일자리 상실이나 플랫폼과 거리가 먼 재래식 상업 거래의 축소는 실질적인 생활의 위협으로 다가올 수밖에 없다. 카진스키(Theodore John Kaczynski)는 만약 인공지능이 계속 발전하게 된다면, 인류는 기계에 종속될 것이며, 기계의 결정에 따를 수밖에 없는 수동적 존재가 되리라는 비관론을 제기한다.

　　사회가 복잡해지고 따라서 사회 문제들도 점점 더 복잡해짐에 따라, 그리고 기계가 점점 더 지능화함에 따라 사람들은 점점 더 많은 결정권을 기계에게 넘겨줄 것이다. 단순히 기계에 의한 결정이 사람에 의한 결정보다 더 나은 결과를 낳을 것이라는 이유 하나만으로 말이다. 마침내는 체제를 계속 돌아가게 하기 위해 필요한 결정이 너무나 복잡해져서 인간의 지능으로는 아무런 결정도 내릴 수 없는 그런 단계가 도래할 것이다. 그 단계에서는 기계가 통제권을 장악한다. 이제 인간은 기계를 꺼 버릴 수조차 없다. 기계에 철저히 종속된 인간이 기계를 끈다는 것은 곧 자살 행위가 될 것이기 때문이다. (카진스키, 2006: 110~111)

많은 데이터를 다룰 수 없는 인간은 기계에 대한 통제권을 상실하게 된다. 공포심을 자극하는 것은 너무 많은 일을 맡은 인공지능이다. 이 공포는 사실 인공지능이 지난 시절 인간이 저질렀던 실수를 재현할 수 있다는 불안한 예측에 기인한다. 인간이 사회를 지배하는 지금, 인간 저지른 모든 실수에 대해서 인간 스스로가 단죄하고 수정하며, 보상한다. 이러한 과정은 일종의 치유 과정이라고 할 수 있다. 하지만 인공지능이 인간과 같은 실수를 저질렀을 때, 일어난 사고에 대해서 지금은 사용자가 책임 대부분을 떠안아야 한다. 이런 상황에 대한 딜레마나 법적 처리에 관한 연구 역시 상당하지만 뚜렷이 누구의 책임이라고 말하기 어렵다. 그렇다면, 인공지능은 다시 지난 과거에 있었던 인간의 고난을 재현하는 촉매 역할을 할 수도 있다. 다음 고바야시 마사카즈(小林雅一)의 언급을 보자.

현재 진행되고 있는 제4차 산업혁명에서는 인간에게 최후 보루로 남아 있던 '기계 제어권'이 결국 기계에 넘어가려고 한다. 이것이 바로 '인간을 배제한 제어시스템' 혹은 '초자동화'에 해당하며, 근대 과학 문명 발달사에서 보면, '자동화의 최종 프로세스'라 할 수 있다. (…중략…) 이런 초자동화는 우리 인간에게 과거와는 뚜렷이 다른 쾌적함, 편리함을 가져다주며 약간은 공상과학적인 미래 사회를 약속하기도 한다. 그러나 초자동화가 폭주하거나 오작동을 일으키거나 통제 불능에 빠진다면, 그 공포나 피해는 훨씬 크고 파멸적일 것이다. (마사카즈, 2018: 27~28)

분명 기계의 발전은 긍정적인 결과를 가지고 온다. 노왁(Peter Nowak)은 "생물학적 인간 지능은 지금까지 발전해 온 것처럼 직선으로 발전하겠지만, 인공지능은 기하급수적인 발전을 계속" 하며, "이는 필연적으로 일어날 수밖에 없는 사실"이라고 단정한다(노왁, 2015: 31). 이 필연적인 사실을 돌이킬 수 없을 때, 그리고 인공지능을 통해 괄목할 만한 기술적 성과가 드러날 때, 특이점

(singularity)은 인간과 기계의 차이가 더는 경쟁상태가 아님을 깨닫게 된다.3) 하지만 이러한 격차는 인간이 지금껏 쌓아온 데이터를 바탕으로 기계가 학습한 결과이다. 인간은 과거와 경쟁하지 않는다. 기계가 학습한 결과는 인간의 행동을 '예측'할 뿐이다. 인간은 역사에서 교훈을 얻지만, 답습하지 않는다. 새로운 행동 양식은 전적인 것은 아니지만, 어느 정도 지난 규칙의 위반으로 인해 발생한다. 인공지능은 이 위반을 예측할 수 없고, 그럴 필요도 없다. 인간 지능과 인공지능은 경쟁의 패러다임으로 묶일 수 없다. 더욱이 지배권과 관련된 담론은 과거의 경험에 비추어 가능하다는 것이지 확실한 것은 아니다.

지배와 피지배의 관계는 어떤 경험이기에 인공지능에 투영되는가? 인간은 역사적으로 주변 환경을 극복하거나 다른 동물들의 위협을 무력화하면서 지배자의 위치에 섰다. 인간은 자신이 만든 종교, 이데올로기에 지배를 받는다. 인간은 이러한 정신적 산물들을 자신의 우월성의 증거라고 생각했다. 인간의 이성에

---

3) 인공지능의 생활 침투는 기술 발전 자체가 목적인 경우가 많다. 이때는 인간 지능과 인공지능의 경쟁보다는 인간과의 공존을 위한 실험에 투입되는 경우가 대부분이다. 유명한 언캐니 밸리는 인간의 로봇 수용성을 잘 보여주는 실험이다. 왓슨(Richard Watson)은 이를 다음과 같이 지적하고 있다. "어떤 변에서는 돌봄 로봇이 정말 필요해서가 아니라 지적 도전과제 혹은 과학적 도전과제라서 돌봄 로봇을 만드는 것처럼 보이기도 한다. 다만 다른 사람과 공감하지 못하는 사람, 즉 로봇과 삶을 공유하는 것을 개의치 않는 사람, 더 나아가 사람보다는 로봇과 삶을 나누는 것을 더 선호하는 사람에게는 그런 로봇이 꼭 필요할지도 모르겠다."(왓슨, 2017: 25)

대한 자부심과 과학기술의 발달은 이 우월성에 대한 신념을 지탱하는 주요한 축이 되었다. 하지만 이 우월성은 전체주의의 등장, 1~2차 세계대전, 냉전의 도래로 의심받기 시작했다. 다른 한편으로 인간이 완벽히 지배했다고 생각한 지구의 환경 역시 인간의 생존 자체를 위험에 빠트릴 정도로 파괴되어 가고 있다. 조지 오웰(George Orwell)의 소설 『1984』는 인간의 피지배에 대한 강박을 재현한다. 이 소설의 배경이 되는 국가 '오세아니아'는 전체주의 국가이다. 이 국가에서 지배층은 식자층으로서 피지배층에게 우민화 정책을 펼치며, 국가의 강한 지배 권력을 극대화한다. 이 소설에 등장하는 빅 브라더는 어디에나 존재하고, 모두를 감시하지만, 실제 모습을 드러내지 않는 권력의 상징이다. 이 권력에는 등장인물, 국가 등 어떤 것을 대입하여도 무방하다. 이 소설이 재현하고 있는 전체주의 국가의 지배층과 빅 브라더는 무엇인가 자신을 지배하고 있다는 인간에게 내재한 사고의 전형을 실체화한 것이라고 할 수 있다.

　인공지능에 대해 논의하면서 빅 브라더를 연상하는 것은 지금 어려운 은유가 아니다. 지배당했던 인간의 모습은 역사와 현실에서 쉽게 찾아볼 수 있다. 인공지능은 일상에 깊게 들어와 있어서 편리한 도구 이상으로 느껴지지 않는다. 하지만 플랫폼에서 인공지능의 활동이 인간의 폭넓은 사고를 제한한다는 것은, 사실로 드러나고 있다.4) 예를 들어, 플랫폼 위에서의 개인은 자신의 전략이 아닌 인공지능 알고리즘의 필터 버블에 갇혀 확증편향을 가질 수도 있다. 이제 알고리즘의 설계가 중요한 시대가 도래한 것이다. 필터 버블에 갇힌 주체들은 필요한 모든 상품을 알고리즘이 골라주는 대로 소비하게 될 것이다. 인공지능의 능력이 사회에 직접 발휘될 때, 제어 받는 인간의 우울한 미래보다, 인공지능의 존재 자체가 사회체제 안정성에 더 영향을 미치고 있다는 사실이 미래에 대한 불안을 더욱 가중한다.

인공지능은 사회에 위협이 될 수 있다. 흔히 인공지능의 위험을 생각하면 떠올리는 기계의 인간 정복은 잠시 미뤄두자. 그보다는 다른 기술 혁명과 마찬가지로 기존 노동을 변화시키고 인간에게 익숙한 일자리를 빼앗길 수 있다는 것이 제일 중요하다. 이것이 사회와 경제에 미치는 영향은 대단히 크다. 사회구조를 바꾸기 때문이다.

---

4) 여기서의 제한은, 플랫폼의 필터버블이 인간의 확증편향을 강화한다는 사실과 일치하지는 않는다. 즉 이때 전제되는 인간의 사고가 반드시 순수하게 어떤 방향으로도 경도될 수 있는 상태가 아니라는 것이다. 다음 노혜령(2020: 48)의 언급을 보자. "사람들은 객관적 보도나 정보도 자기 삶의 경험이라는 필터를 통해 해석하기 마련이다. 지식과 이해는 축적의 과정을 거친다. 축적된 경험, 자기가 속한 커뮤니티의 규범을 기반으로 퍼즐 조각처럼 짜 맞춰가는 방식으로 더 큰 사회를 파악한다. 따라서 동시대, 같은 사회에 살더라도 각자가 맞춰온 퍼즐은 전체 그림에서 다른 부분일 수 있고 가지고 있는 퍼즐 조각의 모양도 제각각일 수 있다. 자신의 이해관계 내에서 세상이라는 전체 그림의 일부를 다른 모양의 퍼즐 조각으로 맞춰가는 것이다. 과거에도 그랬고 지금도 그렇다." 인간은 플랫폼에 자신의 신념을 투영한다. 다시 말해, 플랫폼을 통해, 인간은 자신이 믿거나 보고자 하는 것을 더 많이 보고, 그에 대해 더 많은 정보를 찾고, 자신과 같은 신념을 가진 사람들과 어울리면서, 자신의 신념을 더 강화하는 것이다. 이때, 필터버블은 인간의 사고를 견인하는 것이 아니라, 자신의 신념을 강화하는 데 필요한 편리한 도구 역할을 한다.

사회에 새로운 계층이 생기고 혜택받은 층과 그렇지 못한 층 간 불평등이 나타날 수 있다. 그리고 이러한 불평등은 한 국가나 사회에만 머물지 않고 국제 간 갈등으로 표출된다. (김대호, 2018: 24)

인공지능이 지금 사회에 위협이 되는 이유 중 하나는 그것이 인간 사회를 지배하기 때문이 아니라, 생존 문제에 직결되는 인간의 일자리 지형도를 변형하고 있기 때문이다. 사라지는 직업이 있는가 하면, 새로 생기는 직업도 있다. 이 변화의 흐름에 동참하지 못하는 사람들은 노동 가치가 평가절하되거나, 자신의 일자리가 없어지는 일을 겪게 될 수도 있다. 인공지능 시대에 적응한 사람들과 그렇지 못한 사람들은 경제·사회적인 계층 구분을 겪게 된다. 그러나 이러한 불평등의 문제가 디스토피아의 근거는 되지 못한다. 오히려 인공지능의 발전으로 인한 문제는 인간 지능이 해결한다. "인공지능과 로봇으로 인해 발생할 수 있는 대규모의 고용구조 변화에 대한 실질적 해법의 마련은 이제 모든 국가의 중요한 정책적 아젠다가 되고 있다."(현대원, 2018: 218) 현대원은 인공지능의 등장이 곧바로 실업률의 증가로 이어지지 않는다고 본다. 따라서 위에서 말한 노동 가치의 하락과 임금의 축소에 대비하기 위해서는 기존 실업급여 제도보다는 사회적 합의를 통한 기본소득 도입이 선결과제이다. 이 기본소득 제도를 바탕으로, 고용 안정성을 제고하고 재교육을 통한 사회적 재배치를 제도화함으로써 변화의 충격을 완화할 수 있을 것이다. 그렇게 본다면, 인공지능은 사회를 구성하는 실질적 존재로서 그 위치와 존재 양식이 규정되어 가고 있는지도 모른다. 사용자는 전자제품을 고를 때, 그 편리한 기능도 고려하지만, 어디에 두어야 더 편리하게 사용할 수 있는지도 고려한다. 이와 마찬가지로 인간 지능은 인공지능을 만들어 놓고, 그것에 적절한 사회적 위치를 정하는 주체이다. 인공지능이 차지한 공간에서 밀려난 사람들은 다시 인간이 만드는 제도로 다시 자신의 공간을 마련한다.

2) 목표의 분명한 차이와 불안

윗글에서 김대호는 국가 간의 관계 문제를 언급하고 있다. 지금 선진국들은 IT 거대기업과 거대 스타트업들을 내세워서 인공지능 기술 발전을 경쟁하고 하고 있다. 이제 인공지능은 인간의 일상에 깊게 자리 잡고 있어서, 그 개발로 인한 일자리의 변화 문제는 이제 민간의 학술적 예상이나 연구보다는 국가 차원에서 해결해야 할 문제가 되었다. 따라서 국가는 인공지능이나 IT 기술의 발전으로 인한 산업 구도 변화에 민감하게 반응할 수밖에 없다. 한국에서 우버(Uber)와 같은 스마트 택시 사업과 유사 택시 사업이 원래 고안된 서비스 모델 그대로 진입하지 못하는 이유는 기존 사업자들의 권리를 보호하려는 국가의 적극적인 개입이 있었기 때문이다. 따라서 정확히 말하면, 디스토피아로의 진행 과정에서, 자연인으로서의 인간이라는 집단이 인공지능 기술의 발전과 맞서 싸우는 상황은 아니다.

인공지능의 개입을 국가는 제도를 통해서 적극적으로 조절하고 있다. 위 택시 산업의 예에서 볼 수 있지만, 인공지능이나 IT 기술의 도입으로 한국 택시 산업의 전면적인 변화는 없었다. 지금은 택시 호출 애플리케이션의 등장으로 인해, 소비자와 택시 기사들이 서로 손쉽게 연결될 수 있는 한국형 스마트 택시 산업이 발전 중이라고 보는 것이 옳다. 인간 지능은 계속 자기가 만든 것이 삶에 들어올 때 부작용을 조절하는 능력이 있다. 이러한 환경을 조절하고 문제를 해결하는 인간의 능력이 지금의 우리를 만들어 왔다. 디스토피아와 같은 되돌릴 수 없는 혼돈의 상태가 지속된다는 것은 다양한 콘텐츠에서의 재현을 제외하면 생각하기 힘들다. 이런 차원에서 사실 피지배와 지배의 담론보다, 인간 지능이 가지는 목표 수정 능력과 인공지능의 맹목적 목표 지향성 사이에서 발생하는 문제에 대한 담론이 더 현실적이다. 보스트롬(Nick Bostrom)은 이에 대해 다음과 같이 언급한다.

문제는 초지능을 가진 인공지능이 우리를 노예로 만들거나, 갑자기 인류에 반기를 드는 것이 아니라 우리가 원하는 것과는 다른 목표를 향해 나아갈 수 있다는 것에 있습니다. 인간이 아닌 인공지능이 정한 기준에 따라 세상이 흘러갈 수 있다는 것이죠. 이런 부분에 있어 일치와 통제의 문제는 각각, 우리가 어떻게 하면 인공지능 시스템을 인간 의지의 연장선상에 놓을 수 있는지, 예측하지 못한 원치

않은 결과를 가져왔을 때 어떤 행동을 취해야 하는가에 관한 것입니다. (보스트롬, 2019: 102)

인공지능이 자기 결정권을 가지면서 발생하는 문제는 인간을 지배하고 조종하는 역할을 하는 데 있지 않다. 보스트롬의 연구에서 인공지능의 주된 위협은 인공지능의 목표와 인간이 추구하는 가치가 다를 때 발생한다.[5] 이때 목표를 추구하는 힘은 인공지능이 더 강하기 마련이다. 인간은 하나의 가치나 목표를 추구할 때, 다양한 변수들을 고려하고, 이에 따라 그 목표 달성이 지체될 수 있으며, 만족할 만큼의 성과를 얻지 못할 수도 있다는 것을 인정한다. 반면, 인공지능은 자기의 목표를 맹목적으로 추구한다. 만약 인간이 인공지능과의 경쟁에서 지고, 스위치를 내릴 권한을 빼앗기게 된다면, 위협은 인공지능이 인간을 지배하는 것이 아니라, 인공지능이 인간을 포함한 가용한 모든 자원을 자신의 목표에 사용하는 데서 발생한다.

---

5) 보스트롬은 인간과 인공지능의 최종목표가 다를 때 자원의 활용 차원에서 인공지능이 인류의 위협이 될 수 있다는 점을 지적하고 있다. "가장 먼저 등장한 초지능적 에이전트는 지구에서 기원한 생명체들의 미래를 좌지우지할 가능성이 있고, 인간의 사고관에 입각한 최종적 가치들과는 전혀 다른 최종 목표를 지향할 수도 있으며, 끝없이 자원 획득을 추구할 도구적 이유를 가질 가능성이 크다고 할 수 있다. 여기서 인간이라는 존재는 유용한 자원으로 이루어져 있고(예를 들면 원자가 알맞게 위치되어 배열되어 있다든지), 생존과 번영을 위해서 더 많은 국소적 자원을 필요로 한다는 사실을 생각해보면, 이 초지능의 존재와 활동의 결과가 인류의 신속한 멸종으로 이어지기 쉽다는 것을 알 수 있을 것이다."(보스트롬, 2017: 215)

인공지능과 같이 인간도 완벽한 자기 결정권을 갖지 못한다. 인간은 학교, 직업, 가족 구성, 사회적·경제적 계층 등 역사적으로 자신들이 다져온 삶의 구도를 거부하면서 살기 쉽지 않다. 인간이 추구하는 가치들 역시 이러한 구도에 따라 결정된다. 자원은 한정되어 있고, 많은 수의 사람들이 이 한정된 자원을 차지하기 위해 경쟁한다. 이 경쟁 과정에서 발생하는 역사적인 불공정성 폐해를 인공지능이 주체를 배제하고 판단함으로써 해결할 수 있다는 생각이 발달하면서 문제는 시작된다. 인공지능이 주체와 관계를 맺으면서 발전해나가고, 주체의 수고를 덜어준다고 할 때, 인공지능의 일 처리에는 인간의 판단을 더 완고하게 적용하는 기제가 들어 있기 마련이다.6) 결국, 우려하는 바는 인간 사회에 있던 폐해가 인공지능의 기계적 공정성으로 인해 더욱 강화될 수도 있다는 사실이다.

---

6) 인공지능의 의사결정을 결국 행위에 옮기는 것은 아직 인간이라는 것을 잊어서는 안 될 것이다. 토머스 대븐포트(Tomas H. Davenport)와 줄리아 커비(Julia Kirby)는 인공지능의 이런 기능을 인간의 증강이라는 차원으로 생각한다. "자동화된 의사결정을 파고드는 사람들은 스마트 기기에 가장 친숙한 인간들이 아닐까 싶다. 기계를 직접 만들지는 않을지 몰라도, 그런 기계를 잘 알고 또 함께 일한다. 이들은 지금 스마트 기기가 하는 것과 비슷한 지식노동 업무를 하다가 '승진해서' 스마트 기기 덕분에 증강했고, 증강되었다. 증강을 통해 이들과 이들이 속한 조직의 생산성은 눈에 띄게 증가해 왔다. 이들의 역할은 기계에 적합하지 않은 환경을 식별해내는 한편, 장기적인 관점에서 기계의 생산성을 끌어올릴 수 있는 방법을 모색하는 것이다."(대븐포트·커비, 2017: 211)

디지털 순위와 검색 필터는 슈퍼스타 직업이 아니라 평범한 노동 시장에서도 불균형적인 결과를 낳는다. 기업은 고용 과정을 디지털화하고 자동 필터를 써서 넘치는 지원자들을 걸러내 왔다. 예를 들어, 기업은 사실상 대학 교육이 필요 없는 일자리라고 해도, 대학 학위를 잣대로 써서 학위가 없는 지원자들을 모두 쉽게 배제시킬 수 있다. 이것은 숙련 편향적 기술 변화라는 개울을 운 좋은 소수가 스타가 되는 급류로 증폭시킬 수 있다. 마찬가지로, 현란한 요구 조건 중 하나를 빠뜨린 구직자의 이력서는 설령 그 90퍼센트를 충족시킨 구직자가 다른 면에서는 뛰어나다 할지라도 고려 대상에서 제외될 수 있다. (브린올프슨, 2014: 198)

완고하지만 인간에 의해 프로그래밍 된 인공지능은 인간이 원하는 일 혹은 하고 싶지 않은 일을 담당한다. 예를 들면, 사람을 탈락시켜야 하는 위와 같은 인사 업무가 그것이다. 인공지능은 이렇게 인간이 물리적으로 할 수 없는 일이 아니라 인간이 감정적으로 하기 싫은 일도 하게 될 것이다. 인공지능이 일의 성격이 어떤 것이든 인간의 일자리를 잠식하고 있다는 사실은 개별 주체들에게 피부에 와 닿는 현실적인 문제이다. 자신이 담당하는 모든 업무에 만족하는 사람은 없다. 하나씩 인공지능에 맡기다 보면, 일 전체가 인공지능의 몫으로 넘어가기 마련이다. 또한 인공지능의 완고한 기준에서 볼 때, 완벽한 인간은 존재하지 않는다. 서로 사고를 공유하면서 더 나은 생각과 행동을 만들어 왔던 인간은 이제 인공지능과 일 대 일로 마주해서 평가받아야 한다. 인간은 점차 모든 업무에서 배제될 상황에 놓일 수 있다. 자율주행의 목표는 개별 주체의 운동능력, 반사신경, 인지능력의 차이를 인공지능이 획일화하는 데 있다. 이 알고리즘은 도로 위에서 완벽히 인간의 개입을 차단하기 위해서 발전을 거듭하고 있다. 미래의 어느 시점에, 인간은 장소의 이동을 위해서 모빌리티(Mobility)로 총칭되는 교통수단에 몸을 싣기만 하면 된다. 인간은 도로 위에 서야 하고 판단은 인공지능이 하는 시대의 도래는 상상할 수 없는 미래는 아니다. 바로 지배나 경쟁의 패러다임은 이런 현실적인 공포에서부터 시작한다.

결국 지치지 않으며, 완벽하고 완고하게 너무 일을 잘 처리하는 인공지능은 보스트롬에 따르면 인간 의지에서 벗어난다. 브린올프슨(Erik Brynjolfsson)이 든 예에서 인공지능은 적합한 사람이 아니라, 입력된 기준과 서류의 수치를 대조하는 작업을 반복 수행한다. 이런 일이 인간의 예상을 벗어난 결과, 즉, 의도치 않은 차별과 배제라는 반사회적인 행위를 하게 되면 어떤 방식으로 수정할 것인가?7) 이런 불안은 다음과 같이 전형화된 모습으로 나타난다.

---

7) 인공지능 수정에 대한 불확실성을 주디아 펄(Judea Pearl)은 다음과 같이 언급한다. "많은 사용자가 딥러닝에 대해 '잘 작동하고는 있지만, 왜 그런지는 모른다'라고 말한다. 일단 거대한 데이터 바다에 풀어놓으면, 딥러닝은 고유의 동역학 원리로 스스로 수리하고 최적화하며, 대부분은 올바른 결과를 내놓는다. 그러나 딥러닝이 엇나가도 우리는 어디가 잘못됐는지, 어디를 고쳐야 할지 단서를 찾을 수 없다. 특히나 결점이 프로그램에 있는지 메소드에 있는지,

생명의 법칙을 바꾸는 제3의 방법은 완전히 무생물적 존재를 제작하는 것이다. 대표적인 예는 독립적인 진화를 겪을 수 있는 컴퓨터 프로그램과 컴퓨터 바이러스다. 유전적 프로그래밍은 컴퓨터 과학에서 가장 흥미로운 분야로서, 유전자의 진화를 모방하려 노력하고 있다. 많은 프로그래머가 창조자에게서 완전히 독립한 상태로 학습, 진화할 능력을 갖춘 프로그램을 창조하는 꿈을 꾼다. 이 경우 프로그래머는 원동력이자 최초로 움직인 자가 되겠지만, 그 피조물의 진화는 아무 방향으로 자유롭게 이루어질 것이다. 프로그램의 작성자를 포함해 어느 누가 마음속에 그렸던 방향과도 전혀 상관없이 말이다. (하라리, 2015: 432)

윗글에서, 인간은 자신처럼 사고하는 인공지능을 만들고자 한다. 그런 점에서 인간의 불신은 사실 인공지능 제작자를 향해야 한다. 인공지능의 완성도와 바이러스로부터의 보안이 이 제작자의 손에 달려 있기 때문이다. 인간을 대신하여 판단하거나 함께 살아갈 인공지능이 저지르는 실수가 위험한 것은 단지 그 결과로 벌어질 사건과 피해에 있지 않다. 러셀(Stuart Russell)에 따르면, "불행히도, 세계적인 영향을 미칠 수 있는 초지능 시스템에는 시뮬레이터도 비상시에 떠맡을 사람도 없다. 기계가 주어진 목적을 달성하기 위해서 고를 수 있는 재앙을 빚어낼 방안을 사람이

아니면 환경이 바뀌었기 때문인지 모른다면 더욱더 그렇다."(펄, 2021: 49)

미리 예견하여 전부 다 배제한다는 것은 분명히 매우 어려우며, 아마도 불가능할 것이다. 일반적으로 말해서, 당신이 지닌 목표와 초지능 기계가 지닌 목표가 상충된다면, 기계는 당신이 원하는 것을 제쳐두고 자신이 원하는 목표를 추구한다."(러셀, 2021: 207) 아무도 수정할 수도, 제어할 수도 없는 인공지능의 제작에 대한 불안은 모두 공유하고 있지만, 아무도 해법을 제시하지 않는다. 러셀이 가정하는 '지능 폭발(Intelligence explosion)'이 가져다줄 편리나 이익보다 우리를 더 불안하게 하는 것은 "통제 문제를 해결할 시간적 여유가 없다"(러셀, 2021: 211)는 것 때문이다.

3. 디스토피아와 지능

1) 낙관론

인공지능에 관한 낙관론은, 우선 인공지능이 지능 폭발에도 불구하고 인간의 적절한 통제 아래에 놓일 것이며, 인간의 뇌를 그대로 재현한다 해도, 그 용도는 한정적일 것이라는 예상에 기반을 두고 있다. 특히 이러한 낙관론에는 인공지능 개발에 찬성하는 논리가 강하게 작용한다. 간단한 학습을 통한 수많은 데이터 읽기는 인간의 사고와 판단을 일정 부분을 흉내 낼 수 있다고 해도, 그것이 어떤 창의적인 일을 할지는 인간이 결정한다. 예를 들어 안면인식에 특화된 인공지능은 수많은 사람의 얼굴을 실시간으로 읽고, 찾고자 하는 사람의 신원을 파악할 수 있다. 이 인공지능은 한편으로는 범죄나 테러 위협에서 요긴하게 사용할 수 있겠지만, 다른 한편으로는 개인정보의 축적과 사용이라는 문제에 관련해서라면, 경계의 대상이 될 수 있다. 그런데 우리가 생각하는 인간과 유사한 인공지능은 결국 머리 샤나한(Murry Shanahan)이 자세히 설명하는 범용 인공지능일 수밖에 없다. 샤나한은 범용 인공지능이 제대로 기능하려면, '상식'과 '창조성'을 갖추어야 한다고 주장한다. 여기서 상식은 상황에 맞는 적절한 인간 행위의 기준을 말한다. 창조성은 '옛 것을 사용하는 새로운 방법을 고안하는 능력'(샤나한, 2018: 30)이다. 이 상식과 창조성은 각각 얻을 수 있는 것이 아니다. 다음을 보자.

창조성과 상식은 상호 보완적이다. 창조성으로 인해 개인은 새로운 행동을 할 수 있다. 그러나 그 행동이 초래하는 결과를 예상하기 위해서는 일상 세계에 대한 상식적 이해가 필요하다. 상식을 결여한 창조성은 어둠 속에서 허우적거리는 것에 불과하다. 한편 창조성이 없는 상식은 융통성이 없다. 상식과 창조성을 모두 구사할 수 있는 지능은 강력하다. 지능은 친숙하지 않은 도전에 직면했을 때, 창조적 능력의 도움으로 행동의 무수한 가능성을 찾아 적절히 대응하도록 해준다. 또 결과에 대한 상식적 이해를 하므로, 근육을 씰룩거리거나 모터를 돌리기 전에 가장 근사한 결과를 예상할 수 있다. (샤나한: 31)

상호 보완적인 창조성과 상식을 가진 인공지능은 가장 이상적 인간의 재현이다. 과학자들은 범용 인공지능을 만들면서 근대가 추구하던 가장 이상적인 인간을 창조하려고 한다. 샤나한은 '약간의 창조성과 약간의 상식만을 요구한다면, 왜 그 분야에서 지난 60년 동안 진척이 별로 없었을까?'라는 질문을 던진다. '약간'이란 어느 정도를 말하는지 정확히 알 수 없다. 인간이 인공지능을 만들 때 마음대로 창의성과 상식의 정도를 조절할 수 있다는 말로도 이해할 수 있다. 마치 지극한 상식과 최고의 창의성을 가진 인공지능을 만들 수도 있다는 허세처럼 보이기도 한다. 창의성은 매번 새로운 것이고, 창의성이 무엇인가 한정하고 정의 내리는 순간 그 창의성은 더 창의적이지 않다. 상식이라는 것도 시대나 상황에 따라 가변적이다. 따라서 창조성과 상식의 주입이 범용 인공지능의 조건이 되기는 어렵다.

  인공지능이 인간의 모든 특질을 복사할 수 없다는 사실은 인간 지능과의 경쟁 자체를 무의미하게 만든다. 이 차원에서 나라 쥰(Nara Jun)은 "2045년, 특이점은 오지 않는다"(쥰, 2018: 41)고 단언한다. 이는 커즈와일(Raymond Kurzweil)의 말을 정면으로 부정한 것이라기보다는 인공지능의 맹목적인 개발이나 그 속도에만 논의의 초점을 맞추려고 하지 않는 현실론이라고 볼 수 있다. 쥰은 호프만(Robert Hoffman)이나 클라인(Gary Klein)의 생각에 동의하면서 다음과 같이 언급한다.

인공지능이 지적 분야마저 인간을 능가했다고 해서 "직관은 인공지능보다 열등하다"라는 성급한 생각에는 동의하지 않는다. 왜냐하면, 인지심리학 분야에서 클라인이 직관의 메커니즘을 밝힌 것이 바로 최근이었기 때문이다. 그리고 무엇보다 직관과 인공지능이 어떻게 공존해야 하는지에 대한 방향성이 아직 정해지지 않았다. 그 결과, 호프만이 우려하는 기계 중심주의적 인공지능 개발이라는 현실이 벌어졌다. (쥰, 2018: 43)

인공지능을 만드는 일이 완벽한 인간을 재현하는 것이 아니고, 그렇게 할 수도 없다는 사실은 분명하다. 그러한 귀결로 발생하는 도구로서의 인공지능에 대한 낙관론은 상식적으로 충분히 수용할 만한 것이다. 우리는 앞서 프로그램으로서 인공지능이 완벽하지 않다는 사실을 보았다. 그렇다고 인공지능이 인간의 통제나 지배하에 있지도 않다. 오히려 불완전함은 인간의 상상력을 부추기고, 불안을 더한다. 따라서 낙관론은 항상 인공지능이 보여주는 도구로서의 유용성이나 인간과의 협업 가능성에 집중한다. 쥰은 인간의 직관과 인공지능이 서로 보완적인 관계에 놓인다고 본다. 쥰은 일의 실수와 불확실성을 줄이는 인공지능과 현상에 대한 통찰력으로 창조성을 발휘하는 인간을 대조적으로 제시한다. 이 대조를 통해, 쥰은 서로의 장점이 서로에게 해가 되지 않아야 한다는 쪽으로 논의를 전개한다. 인공지능의 정확성에 기댈수록 인간의 지능과 직관을 바탕으로 한 창조성은 무너질 수밖에 없다. "클라인(Gary Klein)은 '우리가 판단과 작업의 정확성만 고집하면 직관과 통찰력이 작용하지 못하고 결국 창조성의 싹이 꺾이고 만다'며 걱정했다. 이는 고스란히 직관과 인공지능 관계에도 들어맞는다."(쥔, 2018: 189) 이러한 인공지능에 대한 낙관론은 인공지능을 제어할 수 있다는 가능성을 전제로 하고, 인공지능이 인간의 보조 역할이나 협업을 한다는 논의로 이어진다. "인공지능은 '인간보다 기억력과 계산력이 뛰어나고, 정확하고 신속하게 판단하며, 작업을 효율적으로 수행한다'는 점에서 대단히 매력적이다. 미래에는 더욱 인간다운 감정을 가지고 사고를 하며, 판단의 정확성을 높이게 될 것이다. 하지만 인공지능 개발 지상주의는 우리 일상생활의 요구를 크게 벗어날 뿐더러 새로운 문제까지 야기한다."(쥔, 2018: 189) 이 개발 지상주의는 범용 인공지능을 맹목적으로 추구하지 않았다. 공학자들은 '인공지능의 겨울(AI winter)'8)을 더 영민한 방법으로 극복하기 시작했다. 인공지능은 이제 일상생활의 요구에 적절히 응하면서도 더 전문적인 영역으로 자신의 능력을 확장하기 시작했다. 위

---

8) 대니얼 서스킨드(Daniel Susskind)는 인공지능의 발달 과정을 'AI의 물결'로 명명하고 1차와 2차로 나누어 설명했다. 1차 인공지능 물결은 실패로 끝났다. '인공지능의 겨울'은 이 실패 후의 기간을 말하는 것이다. "인간을 본떠 기계를 구축하는 접근법은 끝내 성공하지 못했다. 초기에는 낙관과 열광이 가득했지만, 이렇다 할 진전을 보지 못했다. 정신이 있는 기계, 자각할 줄 아는 기계, 즉 인간처럼 생각하고 추론할 줄 아는 기계를 만드는 원대한 도전은 패배가 확실했다. 그런 목적을 이루기는커녕 근처도 가지 못했다."(서스킨드, 2020: 72)

에서 말하는 '새로운 문제'를 다시 해석하자면, 보조와 협업의 경계를 흐리게 하는 인공지능의 발달이다. 인공지능이 인간을 앞설 수 있다고 하는 인공지능 개발자들의 순수한 야심은 영리한 방법으로 다시 인간의 불안을 부추긴다.

2) 비관론

비관론은 디스토피아를 우려하는 대중의 불안과 관련이 있다. 하지만 디스토피아에 대한 우려는 첨단 기술의 발달이 원인이라고 하기에는 근거가 빈약하다. 우리는 위에서 인공지능과의 경쟁 혹은 주도권 문제를 다루었는데, 첨단 기술의 발전이 현실적으로 인간성의 파괴, 인간의 본성, 자율성 상실의 근본적인 원인이라고 보기는 어렵다. 지금의 현실은 사실 알 수 없는 미래를 향해 나아가고 있는 상태에 불과하다. 유토피아와 디스토피아는 특징만 다를 뿐 인간에게는 똑같이 겪어보지 못한 세상이다. 유토피아는 이룰 수 없는 현실이며, 디스토피아는 현실이 되어서는 안 되는 세상이다. 유토피아와 디스토피아는 인간 현실의 양 극단에 있는 반대되는 세상이 아니다. 이 현실은 관점에 따라 다르게 규정된다. 특히 앞서도 말했지만, 기술 발전으로 인한 불평등은 같은 현실을 유토피아로도 디스토피아로도 볼 수 있게 만든다. 기술의 진보가 꼭 불평등을 촉발하는 주요한 원인은 아니지만, 그럴 수 있는 개연성은 분명히 있다. "기술의 진보가 직접적으로는 고숙련 노동자의 급여를 높이거나 기업이 노동력보다 자본을 더 이용하도록 부추기고, 간접적으로는 세계화를 포함한 다른 경제적 전환을 촉진해 이런 불평등 추세를 이끄는 주요 원인이 될 때가 많다."(서스킨드, 2020: 204) 기술의 발전은 분명 노동시장의 재편을 불러올 것이고, 여기서 제대로 편승하지 못한 노동자들은 소위 말하는 플랫폼 노동자가 되어야 하는 처지에 놓이게 될 것이다.

유토피아와 디스토피아는 서로의 정의를 공유하면서 항상 붙어 있는 동전의 양면과 같다. "불편함이 없는 세계는 유토피아하지만 그곳은 정체된 세계이기도 하다. 어떤 측면에서 완벽하게 공평한 세계는 다른 면에서는 끔찍하게 불공평할 것이다. 유토피아는 해결할 문제가 전혀 없는 곳이며, 따라서 기회도 전혀 없는 곳이다."(켈리, 2017: 25~26) 디스토피아는 인간이 생각할 수 있는 암울한 요소들을 모두 결집해 놓은 결정체와 같은 공간이다. 디스토피아는 계층 갈등보다는 전쟁과 산업의 발전으로 인한 기후의 변화와 환경 파괴와 같은 생물학적인 삶의 조건 악화로 인해 도달할 수 있다고 보는 것이 더 현실적일 수 있다. 하지만 재현된 세계들은 더 처참하다. 켈리는 디스토피아를 "지구에 마지막 한 사람이 남으면서 묵시록적 종말을 고하는 세계, 로봇이 지배하는 세계, 거대도시화한 행성이 서서히 무너져서 슬럼가로 변하는 세계, 가장 단순하게 최후의 핵전쟁이 벌어지는 세계"(켈리, 2017: 26)로 기술한다.

디스토피아는 우리가 논의하고 있는 맥락에서는 통치체제의 문제일 수도 있다. 앞서 예로 든 소설『1984』에서 보여주는 전체주의 국가에서 개인은 자신의 정치적 사회적 욕구를 공동체 속에서 쉽게 해결할 수 없다. 그만큼 완벽한 관료 정치 체제에서 개인의 자율성을 보장받기 힘들기 때문이다. 정치체제의 완고함은 강한 권력에서 비롯된다. 이때의 디스토피아는 국민의 합의가 아닌 오직 힘만으로 정권을 가진 집단의 등장했을 때 상정할 수 있을 것이다. 지금 논의에서, 디스토피아는 전체주의적 사고가 아니라, 알고리즘의 힘만으로 인공지능이 모든 가치를 주도하는 세상을 가리킬 것이다. 이렇게 상정된 디스토피아에서도 유토피아와 마찬가지로 경쟁은 없다. "공포로 지배하는 그 사회는 소수만 이익을 볼 뿐 나머지 전체는 허덕거리고 있지만, 200년 전의 해적 세계처럼 겉으로 보이는 것보다 법과 질서가 훨씬 더 갖추어져 있다. 사실 진정으로 파괴된 사회에서는 우리가 디스토피아와 연관 짓는 난폭한 무법 행위는 허용되지 않는다. 큰 악당 집단이 작은 악당 집단을 통제하고 디스토피아적 혼란을 최소한으로 유지한다."(켈리, 2017: 27) 디스토피아는 인공지능과 인간 지능의 경쟁에서 인간이 패배했다고 오는 것이 아니다. 디스토피아는 인간의 사고와 판단 안에 있는 것으로, '지배'라는 기준으로 본다면, 지배자가 누구든 인간의 권리나 자율성을 침해하고 완벽한 질서 안에서 인간을 마치 부속품으로 만드는 체제를 가리키는 것이다.

인공지능이 디스토피아의 주된 이유가 아니라는 여러 증거에도 불구하고, 그와 관련된 재현은 계속해서 생산되고 있다. 그리고 이들 재현은 인공지능이 최고조로 발달한 시대에 드러나는 인간성을 재조명한다. 이때의 인간성은 지금의 몰랐던, 인공지능과 대조되면서 더욱 차별화된 인간만의 특징으로 우리 앞에 놓인다. 다시 인공지능의 개발 논리로 돌아와 보자. 인공지능 개발자들은 자신들의 방식으로 인간 지능을 해석하면서 인공지능을 만들었다. 인간은 완전히 인간 지능 작동의 실질적 기제를 완전히 알지 못한다. 그런 이유로 인간 지능을 복사하려던 계획은 사실상 실패하고 말았다. 다양한 방식으로 새로운 프로젝트가 시작되었다. 사실 여러 인공지능의 개발 논리가 존재하고 있었는데, 그중 하나가 실패한 것인지도 모른다.

케빈 켈리(Kevin Kelly)는 인공지능을 만드는 데 인간의 진화를 모티브로 삼는 연구들에 주목한다. '진화'라는 주제가 흥미를 끄는 이유는, 인간이 기록해 온 생명과학과 관련된 사적 기록들로 진화를 모델화해 낼 수 있다는 생각에 근거한다. 진화는 전 세대와는 완전히 다른 방향으로 신체와 인지가 발전한 것을 말한다. 인간의 재현에 대한 자신감은 자신들이 수많은 기록을 통해 인류의 발전을 이룩했고, 진화도 이런 발전의 역사를 담고 있다는 데 바탕을 두고 있다. 지금의 데이터 분석 기술은 그 어느 때보다 더 많은 양의 정보를 빠르게 처리하고 분석할 수 있다. 따라서 지금까지 진화와 관련된 기록만 모델화할 수 있다면, 충분히 진

화하는 인공지능을 만들 수 있다는 계산이 선다. 그런데 진화
과정의 재현이 과학 영역이었는지, 예술 영역이었는지 현실을
냉철하게 짚어보아야 할 필요는 분명하다.9)

인간은 상상력이라는 인간만의 능력을 원동력 삼아 불가능한
미래를 현실로 만들어 왔다. 상상력을 통한 미래의 재현은 말
그대로 '공상과학'이라는 이름을 붙인 문학, 예술작품들이 수행
해 왔다. 가까운 예로 『해저 이만리(*Vingt mille lieues sous les mers*)』는
당시까지 상상할 수도 없었던 잠수함 '노틸러스호'에 대한 이야
기이다. 이러한 재현들이 모두 지금의 과학기술 발전에 동기를
부여하는 것도 아니고, 과학기술이 확실한 과학적 근거 없이 그
런 예술적 재현을 전적으로 참조할 필요도 부족하다. 오히려 인
간의 보편적 욕구와 필요에 예술과 과학기술이 나름의 방식으로
대응한 것이라고 볼 수 있다.

다시 진화의 문제로 돌아와 보자. 진화를 기술적으로 재현할
수 있다는 것은 자연의 재현에 도전하는 일과 맞먹는다고 할

---

9) 브라이도티는 이러한 재현이 디스토피아에 대한 논의를 부추긴다고 다음과
같이 설명한다. "탈인간중심주의는 특히 대중문화에서 번성하며 비판을 받는
다. 인간과 기술 장치, 즉 인간과 기계 사이의 변형된 관계를 신고딕 양식의
공포로 재현하는 부정적인 경향 때문이다. 우리와 다른 종의 멸종을 다루는
문학과 영화는 재난 영화를 포함해 그 자체로 성공적인 장르로 폭넓은 대중적
인기를 누리고 있다. 나는 이렇게 편협하고 부정적인 사회적 상상력에 '기술
기형적'이라는 이름을 붙였다. 다시 말해 문화적 찬양과 탈선의 대상으로서
그렇다는 말이다. 우리 시대 자본주의의 유전공학적 구조에 대한 디스토피아
적 반영이 이 장르의 대중성을 설명해준다."(브라이도티, 2015: 85)

수 있다.[10] 진화는 일견 사적 검토를 통해 충분히 모델화할 수 있을 것처럼 보이지만, 아직 인공지능에 관한 연구들이 진화의 모델을 모방하여 인간과 유사한 수준의 인공지능 성공적으로 제작하고 있다는 소식은 없다. "아직까지 어떤 컴퓨터과학자도 인공지능—우리의 삶을 바꿀 정도로 바람직하고 성능이 뛰어난 —을 합성하는 데 성공하지 못했다. 인공 생명을 만들어낸 생화학자도 아직까지는 없다. 하지만 이제 많은 기술자들은 (…중략…) 진화를 붙들어 필요에 따라 재현하는 방법을, 막대한 잠재력을 끄집어냄으로써 인공 생명과 인공지능의 꿈을 모두 실현할 수 있는 미묘한 불꽃으로 간주한다."(켈리, 2015: 583) 인간 지능의 기제를 파악하는 것과는 다른 방향으로 진화를 연구한 것은 위에서 말한 불안에 확실한 논리를 제공한다.

앞서 언급했지만, 인간이 자신의 몸과 삶을 완벽하게 기술하거나 재현할 수 없어서, 인공지능이 그것을 할 수 있으리라는 보장은 없다. 그리고 그것이 먼 미래에 실현되었다고 그러한 재현이 인간에게 중요한 가치일지도 확실하지 않다. 다시 인공지

---

10) 실제로 이러한 노력은 실험실에서 이루어지고 있지만, 과학계에서 이를 개연성 있게 받아들이는 못하는 양상이다. "토머스 레이는 실험실에서 합성한 진화가 본질적으로 자연에서 동물과 식물의 형태를 빚어내는 진화와 동일하다고 동료들을 설득하느라 애를 먹고 있다. 자신의 세계에서 진화한 몇 시간과 야생자연이 진화한 수십억 년 사이의 시간 척도 차이는 문제의 일부에 지나지 않는다. 가장 큰 문제는 불가해한 자연 과정을 재현할 수 있다는 레이의 주장을 사람들이 비정상으로 받아들인다는 것이다."(켈리, 2015: 582)

능이 가지는 미래의 위협보다는 지금의 역할에 집중해야 하는 현실론을 마주하게 된다. 인공지능은 인간의 육체와 일이 부딪히는 한계의 한 부분을 대신하는 도구이다. 우리는 인공지능의 발전을 예상할 수 없다기보다는 인간이 겪는 한계가 어느 지점에서 발생할지 모른다고 하는 편이 인공지능과 인간의 삶을 인식적으로 잇는 데 더 유용한 논의가 될 수 있을 것이다. 그런 차원에서 우리가 지금 논의하고 있는 비관론은 현실론으로 대치될 수 있을 것이다.

이 현실론과 관련해서 켈리의 프로토피아(protopia)에 관한 논의 제기는 주목할 만하다. 디스토피아와 유토피아는 각각 불안과 희망의 종착점이다. 켈리는 알 수도, 도달할 수도 없는 극단의 상태에 대한 상상과 재현들이 현실과 동떨어져 있다고 본다. 다음 프로토피아에 대한 설명을 보자.

프로토피아는 목적지라기보다는 되어 가는 상태다. 그것은 하나의 과정이다. 프로토피아 모드에서는 모든 것이 어제보다 오늘이 더 낫다. 비록 아주 조금 더 나을 뿐이라고 해도 말이다. 그것은 점진적인 개선 또는 미약한 진보. 프로토피아의 '프로(pro)'는 과정(process)과 진보(progress)라는 개념에서 유래한다. 이 미묘한 진보는 극적이지도 흥분되지도 않는다. 프로토피아가 새로운 혜택 못지않게 많은 새로운 문제를 일으키기 때문에, 그 진보를 알아차리기 어렵다. 오늘의 문제는 어제의 기술적 성공에서 비롯되었고, 오늘의 문제에 대한 기술적 해결책은 내일의 문제를 야기할 것이다. 문제와 해결책이 모두 이렇게 순환적으로 확장되는 양상 때문에 시간이 흐르면서 작은 순이익이 꾸준히 쌓인다는 사실이 가려진다. (켈리, 2017: 27)

윗글은 인공지능과 관련하여 가장 현실적인 논의일 수도 있다. 10년 전을 돌아보면, 엄청난 기술의 발전과 삶의 질이 향상된 것을 느낄 수 있지만, 오늘과 내일의 변화는 느끼기 어렵다. 그리고 이러한 기술 발전이 완벽한 새로운 타자의 형성을 말하는 것은 아니다. 오늘 우리가 할 일은 기술의 발전으로 발생한 문제를 해결하고 부족함을 보완하는 것뿐이다. 따라서 미래 기술에 대한 논의는 유토피아를 위한 것이든, 디스토피아로 귀결되든 상상의 재현일 뿐이다. 물론 이런 재현이 기술 발전이나 더 나은 미래를 위한 동기를 부여하긴 하겠지만, 엄연히 그 지금의 현실과는 무관한 일종의 세계관일 뿐이다. 켈리는 인류가 가진 가장 큰 문제가 '미래맹(future-blindness)'일지로 모른다고 주장한다. "문명과 기술 발전의 현 단계에서, 우리는 과거도 미래도 없는, 영구적이고 끊임없는 현재에 진입해 있는지도 모른다. 그럴 때 유토피아, 디스토피아, 프로토피아는 모두 사라진다. 맹목적인 현재(blind now)만 있을 뿐이다."(켈리, 2017: 29) 결국, 인간은 자신의 근본적인 약점, 미래에 대한 예측 불가능성을 상상력이라는 능력으로 보완하고 있다는 결론을 내릴 수 있다. 디스토피아라는 비관론은 인간의 겪어왔던 피지배의 경험이 불안을 형성하고, 이 불안이 미래에 투영되면서 발생한 논의이다. 꼭 인공지능의 발전이 디스토피아로 향하는 거대한 흐름으로 규정될 필요는 없다. 지금 어디선가 거대한 유성이 지구를 향해 다가오고 있을지도 모르기 때문이다.

4. 극복하지 못하는 불안과 불확실한 전망

디스토피아를 재현한 콘텐츠들이 그것이 현실이 아닌데도 불구하고 수많은 관객을 불러들이는 것을 볼 수 있다. 그리고 인류를 위협하는 존재들에 맞서 싸우는 슈퍼히어로들은 강화된 몸을 가졌거나 몸을 강화하기 위한 슈트를 착용한다. 이러한 이야기들은 미래에도 있을지 확신할 수 없는 콘텐츠에 불과하다. 그런데 우리는 이런 콘텐츠들이 제공하는 상업적인 개연성으로 인해 밝은 미래를 꿈꾸거나, 내재해 있는 미래에 대한 불안감을 작동시킨다. 인간의 이 불안감은 과거의 경험에 더해져 현실과 미래에 투영된다. 전쟁, 경제공황, 빈곤, 테러, 종교 분쟁 등, 인간에게 트라우마가 된 역사는 셀 수없이 많다. 세계 곳곳에서 독재와 전체주의의 지배는 민족과 국가를 황폐하게 하는 주요 원인이 되고 있다. 여기서 지배와 피지배의 논리는 인간의 본능과도 같이 자리 잡는다.

현재에도 인공지능과 인간 지능의 경쟁 담론은 끊임없이 만들어지고 있으며, 이 담론의 끝에는 디스토피아에 대한 전망이 도사리고 있다. 이 경쟁의 담론에는 인공지능이 인간을 지배하거나 인간의 행동을 제어하는 미래에 대한 불안이 감추어져 있다. 문제는 인공지능이 우리를 지배하는 것이 아니라, 인간과 다른 목표를 가졌을 때이다. 인간이 정해준 목표를 완고하게 적용하는 것은 공정성이나 정확성을 실현하는 것이 아니라, 인간이 가진 폐해를 더 강화하는 결과를 낳을 수 있다. 우리는 디스토피아와 지능과 관련된 낙관론과 비관론을 대조하였다. 낙관론은 결국 인공지능이 완전하게 인간 지능을 재현한 실체가 될 수 없다는 사실에 근거한다. 그리고 인간과 같은 지능을 가진 인공지능의 개발에만 몰두했던 과학자들의 실패는 이러한 낙관론에 관심을 두게 한다. 이미 우리는 수없이 많은 비관론을 주제로 한 콘텐츠들을 접했다. 따라서 이 주제에 대해서 논하기보다, 비관론의 근원인 인간의 불안에 대해 살펴보았다. 디스토피아의 상태가 실제로 인간 사회에 도래한다 해도, 인공지능이 그 주된 원인이 되기는 힘들다. 기술 발전이 불안을 자극하는 요인이라면, 켈리가 제안한 프로토피아 논의를 주목해볼 만하다. 프로토피아는 인간이 근본적으로 '미래맹'이라는 사실에서부터 현재의 기술 발전 과정에 집중하고 문제를 해결해 나갈 수밖에 없다는 현실론에 근거하여 제기된다.

우리는 말, 기차, 자동차와 달리기 경쟁을 하지 않는다. 이 운송 수단들은 이동과 관련된 인간의 편의를 해결해주었다. 그리고 인간은 이 도구들이 자신을 지배하리라는 불안을 느끼지도 않는다. 하지만 인공지능은 말 그대로 지능이다. 그것이 어떤 방식으로 발전할지 모른다. 왓슨과 알파고는 분명 잘 제어된 인공지능이며, 인간만이 할 수 있다고 생각한 퀴즈와 게임에서 인간을 능가해버렸다. 인공지능과의 대결을 보여주는 거대한 쇼는 그것이 전면적이지 않았는데도, 그 결과를 통해 인간에게 미래를 기계에 지배당하는 디스토피아를 상상하게 했다. 인공지능은 앞으로 인간의 정신, 육체노동을 대신하게 될 것이다. 노동시장의 변화와 새로운 계층의 형성은 막을 수 없을 것으로 보인다. 인간은 사회에서 자신의 영역을 다시 재정의해야 할 것이다. 문제는 그 과정에서 치러야 할 대가이다. 본문에서도 언급하였지만, 인공지능 시대에 노동의 가치가 절하되어 어려움을 겪는 사람들에게 국가는 적극적으로 대안을 마련해야 한다. 최근 많은 학자가 기본소득에 대한 논의를 활발하게 하는 것도 바로 이런 이유에서다. 인공지능의 발전은 인류를 위협하는 요인이라기보다, 기계가 인류와 함께 사는 타자가 되는 새로운 시대가 도래했음을 알리는 신호가 될 것이다. 우리는 그렇게 인식하는 인간을 포스트휴먼이라 부르며, 새로운 시대의 이 인류를 정의할 수 있는 지금과는 다른 메타언어를 요청하게 될 것이다.

포스트휴먼과 지능 담론

: 인간과 인공지능의 비교 담론

1. 정교해져 가는 인공지능 담론

인간 지능이 이 시대가 요구하는 지능의 역할을 하지 못한다는 것은 모두 알고 있는 사실이다. 막대한 데이터의 축적과 종합, 필요한 정보를 해석이 필요 없는 즉시 사용 가능한 형태로 제시하는 알고리즘의 등장 때문이다. 그리고 이 알고리즘은 공학자들의 단정으로도, 대중의 상상으로도 인간 지능과 비슷한 수준까지 발전하리라 예견된다. 기계 두뇌는 아직 구체적인 실체가 드러나지 않았지만, 영화, 드라마, 소설 등에서 재현되면서 오감을 통해 사람들에게 각인된다. 이 기계 두뇌의 존재는 어디선가 개발되고 있으며, 알파고(AlphaGo)와 같은 모습으로 실루엣을 드러내고 있지만, 아직 분명히 그 완전한 실체를 드러내지 않는 어떤 존재이다.

인공지능과 관련된 기술과 담론의 총체적인 발전은 인간 지능과의 비교 담론을 복잡하고, 치밀하게 만들어가고 있다. 하지만 인공지능은 기술의 발전과는 별개로, 위에서도 말한 바와 같이 담론으로 존재한다. 주목할 것은, 인공지능의 발전이 인간 지능에 대한 이해에서부터 시작할 수밖에 없었다는 사실이다. 초창기 인공지능 개발자들이 겪었던 '인공지능의 겨울'(서스킨드, 2020: 72)은 인간 지능이 단지 복잡한 계산기일 뿐이라는 과학자들의 추론 때문에 초래되었다. IBM의 딥블루(Deep Blue)는 인공지능 연구에 새로운 가능성을 제시한 획기적인 성과였다. 이 인공지능의 개발자들은 인간을 추론적으로 '어떤 것'으로 규정하여 모사(摹寫)하려고 하지 않았고, 체스 마스터의 사고나 뇌를 직관적으로 판단하지 않았다. 이제 인공지능은 데이터 저장과 처리 능력을 바탕으로 발전하고 있다. 인공지능은 연역이 아니라 경험을 종합한다. "기계 번역은 뛰어난 번역가를 흉내 내는 기계를 개발해서가 아니라 컴퓨터가 인간이 번역한 문서 수백만 건을 읽어 들여 두 언어의 대응 관계와 반복되는 유형을 파악한 끝에 향상했다." (서스킨드, 2020: 72) 개발자들이 이른바 강한 인공지능을 포기하자, 약한 인공지능을 위한 길이 보이기 시작한 것이다. 여기에 뇌과학의 발달은 다른 계기를 마련한다. 아직 과학은 아직 뇌가 작동하는 기제를 이해하는 과정에 있다. 이 과정은 정확히 인공지능의 발전 과정과 일치한다. "약한 인공지능이 가능해지기 시작한 것은 약한 인공지능에 필요한 뇌의 기능들을 이해했기 때문"
이며, 강한 인공지능이 아직 담론 속에 있는 이유는 "강한 인공지
능에 필요한 뇌과학적 요소들, 정신·감정·창의성·자아에 대해
뇌과학적으로 이해를 못했기 때문"(김대식, 2016: 243)이다.

　하지만 인간은 과학적으로 이해하지 못했다고 해서 거기에
머무르지 않는다. 철학, 심리학, 언어학 등이 뇌의 실체적 기제와
관련 없이 발전한 것이 이 때문이다. 또한, 인간이 향유하는 예술
은 감성의 발현이며, 창의성의 소산이다. 뇌에서 어떤 작용이
일어나 이 모든 '문화'가 형성되었는지 알지 못한다. 김대식의
저서, 『김대식의 인간 vs 기계』의 부제는 '인공지능이란 무엇인
가?'이다. 이 부제는 인공지능의 정체를 밝히기 위해 인간과 기
계의 비교가 필요하다는 뜻으로 이해할 수 있다. 인공지능이라
는 기계는 인간의 뇌 작동 기제에 대한 연구 결과를 바탕으로
발전하며, 인간은 인공지능을 통해 자신의 정체성[1])을 더 정확히

---

1) 사실 위험은 이 정체성의 확인에서 드러나기도 한다. 인간 본연의 정체성이란
　인간중심의 사고이다. 우리가 깨닫지 못하는 사이에 인공지능은 자신의 방식
　대로 인간을 이해하고 있다. 판단과 행동의 중심이 되는 인간의 자율성이 막대
　한 데이터 형태로 환원되었을 때, 인류는 자신이 모르고 있던 자신을 다시
　마주해야 하는 위험에 빠지고 만다. 하라리는 이에 대한 논의를 "인류를 해킹
　해 나보다 나를 훨씬 더 잘 아는 외부 알고리즘", 즉 인공지능이 파악하는
　인간을 상정하면서 전개한다. 만약, 인간을 완벽하게 해킹하는 인공지능이
　나타난다면, "개인주의에 대한 믿음은 붕괴할 것이고, 권한은 개인들에서 그
　물망처럼 얽힌 알고리즘들로 옮겨갈 것이다. 앞으로 사람들은 스스로를 자기
　소망에 따라 인생을 운영하는 자율적인 존재로 보는 대신, 네트워크로 얽힌
　전자 알고리즘들의 관리와 인도를 받는 생화학적 기제들의 집합으로 보는

파악하게 된다.

이 글에서는 인간 지능과 인공지능의 비교가 담론화되는 양상을 질적으로 연구하고자 한다. 약한 인공지능의 개발 과정에서도 볼 수 있듯이, 인공지능은 인간의 뇌를 완벽히 재현하여 제작된 산물이 아니다. 인공지능은 인간 지능과 같아지는 것을 목표로 하지 않는다. 물론 그렇게 될 가능성은 있다. 공학자들의 인공지능 개발은 인간의 진화 과정을 담고 있지 않다. 인간이 지금껏 만들어 놓은 성과와 실패를 데이터와 논리로 분절하여 인간 사고를 재구성한다. 이런 상황에서 인간의 뇌에 대한 담론은 인공지능이 주목받는 시대에 상대적으로 계속 재생산되고 있다. 이 글은 이 양상의 일면을 살펴보고자 한다.

2. 인공지능의 비교 대상

1) 지식

방향성이나 판단으로 규정할 수 없는 인간의 자율성은 세계와

데 점점 익숙해질 것이다. 나를 완벽하게 알고 어떤 실수도 하지 않는 외부 알고리즘까지 갈 필요도 없다. 그저 나보다 나를 잘 알고 실수를 덜 하는 외부 알고리즘이면 충분하다. 그 정도면 알고리즘에게 나에 관한 점점 더 많은 결정과 인생의 선택을 맡기기에 충분할 것이다"(하라리, 2017: 451).

인간 자신에 관해 끊임없이 탐구한다. 이 탐구 과정에 많은 오류가 발생한다. 그리고 인간들은 그 오류를 계속 수정한다. 이 집단 지성은 수정 작업과 함께 발생하는 새로운 궁금증에 대해 적극적으로 대응한다. 이렇게 인류가 다른 동물들보다 우월한 두뇌로 쌓아온 공통의 자산을 우리는 지식이라고 한다. 이 지식이라는 개념 자체는 관념화되어 있다. 이 지식이라는 관념에는 배움, 가르침, 읽기, 쓰기, 암기, 암송과 같은 행위들도 포함되어 있다. 지식을 습득하는 방식과 경로가 변하면서 지식은 '위기'를 맞이하게 된다.

  지식의 위기는 인터넷이 소문, 험담, 거짓말이 무편집 상태로 뒤섞여 있는 공간이라는 사실이 확실해지면서 생겨난 복합적 두려움 속에서 더욱 분명히 드러난다. 인터넷은 우리의 관심을 쪼개놓고, 천천히 오랫동안 숙고하지 못하게 막는다. 실제로 우리 아이들은 더 이상 신문을 읽지 않는다. 네트워크의 발달은 어떤 멍청한 생각을 하는 사람이라도 교육과 훈련을 받은 사람처럼 떠들어댈 수 있도록 큰 확성기를 제공했다. (와인버거, 2014: 12~13)

  윗글에서 우리는 두 가지 오해를 발견할 수 있다. 우선 위기인 것은 '지식'이 아니라 '굳어진 지식'의 전통적 개념이다. 이제 지식은 교실, 도서관에서 책으로 대표되는 인쇄물로만 얻을 수 있는 것이 아니다. 인터넷의 급속한 발달로, 이제 지식은 다양한 매체(포털, SNS 등)를 통해서 생산되고, 그만큼 복잡한 전략으로 사람들 사이에서 발산되고, 수용된다. '지식'은 기술의 발전과 함께 기존의 관념과 다른 방식으로 규정되어야 한다. 지식은 온라인상에서 신념과도 개념을 공유하고 있다. 지식이든 신념이든, 사고의 결과는 같은 생각을 하는 사람들의 커뮤니티를 통해 유통된다. 이런 현상에 대해 와인버거(David Weinberger)는 "지식 인프라의 변화가 지식의 형태와 본질을 바꿔놓고 있다"(와인버거, 2014: 14)고 말한다. 이 변화로 인해, 개인 사이의 지식 경쟁은 의미가 없어진다. 개인이 속한 온라인 네트워크만큼 똑똑한 것은 없다. 절대적으로 지식이 부족하거나 욕망하는 지식이 결핍된 개인은 네트워크에 접속해서 자신이 찾는 내용을 검색한다. 이때 네트워크는 단순히 지식의 창고나 복합체가 아니다. 인간의 영원한 지식에 대한 결핍감을 채워주고, 신념을 더 견고하게 다져주는 또 다른 인격체처럼 진화하고 있다.

두 번째, 위 인용문은 인간은 누구나 지식 개념의 변형으로 인해 '교육과 훈련을 받은 사람'으로 자처할 수 있다고 말하고 있다. 인간은 지금 많은 양의 지식을 암기하려고 하지 않는다. 보고 읽을 수 있고, 인용할 수 있다. 위에서 말한 "네트워크화된 지식은 더 인간적이다. 덜 안정적이지만 더 투명하다. 덜 신뢰가 가지만 더 포괄적이다. 덜 지속적이지만 더 풍요롭다. 이제까지 지식의 이상들이 이토록 현실적이었던 적이 없기 때문에 그것은 더욱더 자연스럽게 느껴진다"(와인버거, 2014: 15). 이제 인간은 네트워크화된 지식으로 가득 찬 인터넷이라는 지식의 보고를 활용하기만 하면 된다. 이 지점에서 지식인의 정의를 통해, 우리는 지식이 인간의 삶에서 차지하는 위치를 알 수 있다. 인간의 지능, 인공지능의 관계에 대한 논의를 차치하고, 인간은 지식을 데이터 처리의 속도와 양, 종합의 문제로 논의하지 않았다. 이른바 '지식인'을 규정할 때도 마찬가지이다. 지식인은 인류가 가진 모든 지식 혹은 다른 누구보다 다양하고 지식을 가진 사람은 아니다. 지식인의 규정은 지식 자체가 아니라 그 지식을 바탕으로 인간이 하는 행위로 규정된다. 이와 관련하여 다음과 같은 연구는 주목할 만하다.

노서경은 19세기 말에서 20세기에 걸쳐 프랑스에서 일어난 사건들을 통해, 지식인을 계보학적으로 고찰한다. 이 연구는 지식인이라는 것의 외연을 살피려는 것이 아니라, 그렇게 일컬어지는 인간이 같은 인간이 저지른 잘못에 대해 고발하고, 저항하는가를 보여주려고 한다. 노서경은 지식인을 정의하고 있지는 않지만, 다음 언급이 그것을 가늠케 한다.

우리 서로 말할 필요가 없다고 생각하고 넘어간 문제는 목적과 수단의 관계에 대한 인식이었다. 변혁을 위한 목적과 수단 사이의 번민이 컸지만 이미 20세기 초에 정치적이든 사회적이든 지식인이 도달한 결론은 목적을 위해 수단을 가리지 않는 행위는 거부한다는 것이었다. 그것이 파시즘에 대면하고 식민지의 고문에 눈감지 않은 이들의 양심이었다. 또 하나, 원초적으로 제기된 문제는 나날이 금력이 파고드는 세상에서 어떻게 물질의 유혹 앞에 지식인뿐 아니라 다수 민중이 자기를 지키느냐 하는 문제였다. 그것은 지식인에 대한 민중의 요구 이전의 요구였고 노동 운동가인 펠루티에도 정치판의 조레스도 무엇보다 그에 답했으며 그 점에서 지식인의 자격을 담보했다. (노서경, 2001: 146~147)

따라서 지식인의 '자격'은 정보나 지식의 처리 능력에 있지 않다. 그리고 지금 지식인의 자격도 이와 크게 변화한 것 같지 않다. 자국, 자민족, 자문화 중심주의가 판치는 지금도, 국가 간의 이해득실 사이에서 소외되고, 버림받아야 하는 많은 사람이 '난민'이라는 이름으로 국경 사이를 떠돌고 있다. 따라서 윗글을 보면, 지식인은 자신의 지식을 행위의 판단 근거로 삼는다는 것, 그리고 그 판단이 자기 이외의 다른 사람들의 요구를 담고 있느냐 하는 것으로 규정될 수 있다. 물론 이런 판단은 금전이나 권력의 유혹이 아니라 시대정신의 반영, 인간의 권리와 생명 보호라는 보편적 가치를 추구하는지에 따라 다르게 내려질 수 있을 것이다. 이같이 인간이 생각하는 지식은 추구하는 가치에 따라 규정된다. 따라서 지식, 그것을 처리하는 두뇌, 두뇌가 속한 인간은 지식의 양이나 그 처리 과정의 정확성이나 신속성으로 평가될 수는 없다. 이러한 당위성에도 불구하고 '인간'은 계속 완벽하지 않다는 사실로 기계와의 비교를 통해 거대 담론을 형성한다.

임소연은 이를 다음과 같이 사이보그와 관련해 논의하고 있다. 아랫글에서 사이보그를 인공지능으로 바꾸어 읽어보자.

사이보그는 인간이라는 정체성을 지키려는 집합적인 욕망 및 불안과 함께하기도 하였다. 하비의 인체순환론과 같이 사람의 몸을 물리적 현상의 일부로 이해하고자 하였던 근대과학은 당시 교회의 입장에서 볼 때, 마치 현대 사회의 사이보그처럼 인간의 고유함을 위협하는 위험한 지식이었다. 기계론적 철학자로 잘 알려진 르네 데카르트(Rene Descartes)조차 인간과 동물 모두 육체적으로는 동일한 기계론적 원칙에 의해서 작동한다고 설명하면서도. 인간을 단순한 기계인 동물과 구분하여 영혼이 있는 기계임을 강조한 바 있다. "나는 생각한다. 고로 나는 존재한다."라는 데카르트의 유명한 명제는 인간의 정체성이 생각하는 영혼에 있음을 잘 보여주지만, 그 이전에 인간의 고유함을 어떻게든 찾고자 하였던 그의 욕망과 불안을 역설하는 것이기도 하다. (임소연, 2014: 14~15)

프로이드의 심리학, 포스트모더니즘, 초현실주의 등을 맥락에 따라 논의하지 않더라도, 인간은 이 세상을 지배하는 절대자가 아니며, 타자를 의식하고, 반응하고, 판단하는, 그리고 그 판단에 확신하지 못하는 불확실성을 근원적으로 안고 사는 존재이다. 윗글에서 사이보그를 인공지능으로 바꿔 읽으면, 인공지능은 인간이 할 수 없는 일을 해내는 도구로 고안되었다. 퀴즈 프로그램과 바둑에서 인간을 능가하는 인공지능의 모습은 인간이 욕망을 달성했다는 만족감보다는 새로운 불안감을 조장한다. 인간과 기계가 벌이는 잘 구성된 극적인 이벤트들은 인간들에게 기술 개발에 따른 인공지능의 현 수준에 대한 냉정한 판단을 차단하는 역할을 한다. 우리는 인공지능의 실체가 아니라 담론화되고 이미지화된 인공지능과 이미지와 인간을 비교해야 하는 상황에 놓인다. 다음 기 드보르(Guy Debord)의 언급을 보자. "스펙타클은 자아와 세계 사이의 경계를 소멸시킨다. 자아는 세계의 현전-부재로 에워싸여 진압된다. 또한, 스펙타클은 진실과 거짓의 경계를 소멸시킨다. 가상의 조직이 믿게 하는 허위의 실질적인 현전 아래 경험된 모든 진리가 억압되기 때문이다. 결과적으로 자신과 소원해진 운명을 수동적으로 매일 감내해야 하는 사람은 마법적인 기술에 도움을 청하면서 이 운명에 눈속임으로 반응하는 광기를 향해 내몰린다."(드보르, 2014: 212)

인간은 인공지능과 함께 하는 이벤트, 즉 스펙타클의 일원으로 참가한다. 그러면서, 바둑 게임, 퀴즈 쇼의 패배를 인간은 자신의 부정과 새로운 존재의 상정이라는 이중의 소외를 겪는다. 이러한 이벤트는 더 진지한 과학적, 사회적 담론으로 발전한다. 경계를 알 수 없는 총체적 인간으로서가 아니라, 자신의 뇌 혹은 지능으로 대표되며, 인공지능과의 비교 대상으로 내몰린다. 인지적 불완전성으로 인한 인간의 세계에 대한 해석 기제는 인간만의 특성이 아니라 약점으로 기록된다. 하지만 분명한 것은 인간과 인공지능의 비교 기준은 인공지능이 강조되도록 편향되어 있다는 것이다.

2) 의식

인간의 뇌는 아직 그 작동 기제가 완벽히 밝혀지지 않았다. 뇌는 마치 미지의 공간, 실체, 시스템 등으로 여겨져 왔다. 미지의 공간이라는 말은 우리가 관심을 두지 않았거나 뇌를 신체의 기관으로만 접근해서 밝혀지지 않은 부분을 당연시했다는 뜻이 아니다. 인간의 뇌, 지능, 의식과 관련된 관심은 폭발적이었다. 인간이 인지적 수용을 통한 외부 세계에 대한 이해가 일종의 해석이라는 것이 밝혀진 후, 인간이 세계를 이해하는 방법에 관한 연구는 그 관점을 달리하기 시작했다. 인간의 두뇌와 관련된 관심과 연구의 불완전함은 연구를 발전시키는 동기가 되기도 하지만 그와 관련된 증명되지 않는 소문들을 양산하며, 이 소문들은 신화와 같이 담론으로 다듬어진 진실이 되기도 한다.

'신경'이라는 수식어가 붙은 모든 것에 대한 뜨거운 관심과는 대조적으로, 뇌에 관한 우리의 지식이 제한되어 있다는 오바마 대통령의 평가는 정확하다. 우리는 많은 진전을 이루어냈지만 거대한 수수께끼는 그대로 남아 있다. 부분적 지식은 위험할 수 있으며, 바로 열광과 무지라는 맥락 속에서 뇌에 관한 신화가 증폭되어 왔던 것이다.

뇌에 관한 신화라 함은 뇌와 뇌 질환에 관한 혹설 그리고 오류를 말하는 것이며, 일부는 너무나 깊이 뿌리박혀 있어 많은 사람들이 당연시하고 일상 대화에서도 사용한다. (재럿, 2020: 12)

인간의 다른 장기와는 달리 뇌에 관한 연구에는 '과학'이라는 이름을 붙인다. 아이러니한 한 것은, 다 알 수 없어서 더 상상의 원천이 되고,[2] 알지 못하는 것에 관한 경외감은, 미지의 우주를 연구하면서 인간이 느끼는 막연함과 유사하게 표현된다. 신경세포를 연구하는 학자들이 한 세포의 기능을 밝혔다고 해서, 세포들이 상호작용으로 생성되는 의식에 대해 알 수 없다는 것이 두뇌 기능에 대한 의문을 더 풀 수 없는 것으로 만든다. "그것은 고대 천문학자의 괴로움과 거의 비슷하다. 별들의 움직임을 상세히 기록하는 데 평생을 다 바쳐도, 그 움직임이 어떤 일반적인

---

2) 영화 〈루시(Lucy)〉와 〈리미트리스(Limitless)〉는 약물로 뇌 기능이 증강되는 상상을 재현한다. 두 편 모두 인간이 일부분의 뇌만 활용하고 있다는 속설을 바탕으로 그럴 듯한 유사 과학의 논리를 사용한다. 두 편 모두 흥행에 성공하였다. 이를 통해 인간의 두뇌에 관한 속설은 그것이 사실이든 아니든, 사회에서 담론으로서 신화처럼 횡행한다는 것을 확인할 수 있다. 그리스천 재럿(Christian Jarrett)은 이러한 현상이 사회에 존재한다는 것을 다음과 같이 설문 조사 결과를 인용하면서 보여주고 있다. "한 설문 조사는 사람들이 10퍼센트 신화를 널리 믿는다는 것을 보여준다. 여기에는 다음 세대의 교육을 책임진 사람도 포함된다. 2012년에 발표된 논문에서 사너 데커르(S. Dekker) 연구팀은 137명의 영국 중학교 교사와 105명의 네덜란드 중학교 교사를 대상으로 이 신화에 대해 조사했다. 48퍼센트의 영국 교사가 우리가 뇌의 10퍼센트만 사용한다고 믿었고 26퍼센트는 모른다고 답했으며, 네덜란드의 경우 46퍼센트가 그렇다고 했고 12퍼센트가 모른다고 했다."(재럿, 2020: 78)

법칙을 따르느냐는 알 수 없다는 점에서 그러하다."(마시미니·토노니, 2016: 69~70) 두뇌에 대한 기록 혹은 묘사는 할 수 있지만, 완벽한 설명을 상정할 수도 없고, 그에 따라 현재의 성과를 과소로 평가할 수도 없으며, 어느 정도까지 이르렀는지 알 수 없다.

이러한 상황에서, 인간의 뇌에 관한 논의는 '의식'에 대한 논의와 맞물려 전개된다. 쉽게 의식은 일상에서 '깨어 있음'을 말한다.[3] 뇌의 신비는 성분 물질이나 신호전달 체계를 포함하여 인간이 모든 활동을 전개할 수 있는 전제, 즉 '의식'을 유지하는 기제에 대한 궁금증으로 이어진다. 에델만(Gerald Maurice Edelman)과 토노니(Giulio Tonomi)는 다음과 같이 언급한다. "뇌는 이 우주에서 가장 복잡한 존재이자, 진화가 빚어낸 가장 놀라운 구조물이다. 뇌가 지각·느낌·생각을 관장하는 기관이라는 사실은 현대 신경과학이 태동하기 전부터 잘 알려져 있었다. 하지만 어째서 특정한 두뇌 과정만이 의식을 일으키는지는 현재까지도 베일에 싸여 있다."(에델만·토노니, 2020: 68) 뇌라는 물질적 실체가 어떻게 의식을 만드는 기제를 알 수는 없지만, 의식은 분명히 존재하

---

3) 도키자네 도시히코(時実利彦)는 '살아 있다는 것'과 '살아간다는 것'을 구분하면서 살아간다는 것을 "의식이 있는 동적인 생명 활동이 전개되는 것"으로 규정한다. "말하자면, '살아 있다'는 것은 식물적인 삶이라고 할 수 있으며, '살아간다'는 것은 동물적·인간적 삶이라고 할 수 있다."(도시히코, 2019: 57) 나아가 도시히코는 의식을 인간이 자신의 삶을 결정하는 근본적인 기제로 본다. "미래에 도달하고자 하는 목표를 설정하고 가치를 추구하여 그 실현을 도모하고자 하는 창조 행위이며, 이것에 의해서 우리는 인격적 존재자로서 '더 잘' 살아가고자 한다."(도시히코, 2019: 58)

며, 의식에 접근하는 학문적 관점들에 따라 다르게 해석된다. 진지한 연구에도 불구하고, '의식'이라는 용어는 쉽고 흔하게 사용된다. 그렇다면, 문제는 답할 수 없는 의식이 무엇인가라는 근원적인 질문으로 돌아온다는 것이다.

우선, 의식은 다음과 같이 그 자체로 정의될 수 있을 것이다. "의식이라는 용어는 우리가 보통 '지각력 있는 인간'하면 연상되는 속성들, 즉 생각, 감정, 기억, 인식, 지능, 자기 이해, 존재감과 같은 속성을 모두 지칭한다."(페페렐, 2014: 34) 이 정의는 혼수상태와 대조되는 깨어 있음의 의식으로는 설명할 수 없는 추상적인 성격들의 나열로 구성된다. 이 성격들은 인간을 다른 동물들과 구분하는 주요한 자질들이다.

오키 고스케(大木幸介)는 의식을 "인간이 인간이라는 사실을 자각하기 때문에 본질적으로 중요한 개념"(고스케, 1996: 99)으로 규정한다. 고스케는 의식을 두 가지 입장으로 나누어 정리한다. 한편으로, 의식은 주관적 체험으로서 자기를 안다는 '자아의식'과 관련되며, 철학적으로는 '이성적 사고'를 가리킨다. 다른 한편으로, 의식은 자연과학의 대상이기도 하다. 이 논의에서 의식은 인간의 외부 자극에 대한 반응 자체를 가리킨다. 여기서 인간의 주관적 체험이나 언어 능력과 같은 정신 활동의 문제는 고려되지 않는다. 동물 실험에서 밝혀진 사실이 인간에게도 상동적으로 적용되며, 인간에게서 그 흔적을 찾는다. 생리학자 파블로프(I. P. Pavlov)의 조건 반사 실험이 대표적이다. 의식을 각성과 관련해

동물 실험을 통해서 뇌의 어떤 부분이 의식 유지에 필요한지 자세히 언급하지는 않겠다. 우리가 목표로 하는 바는 각성으로서의 의식이 아니라, 인공지능의 자율적인 판단과도 비견할 만한 자아의식과 관련된 것이다. 범위를 축소했다고 해서, 의식에 대한 정의가 간단해지는 것은 아니다. 아래에서, 의식을 무의식과 비교하여 논의한다면, 의식에 대한 정의가 더 분명해질 것이다.

'의식'은 '무의식'[4]이라는 용어가 등장하기 전까지 인간의 지적 활동과 그 성과의 뒤에 자리 잡은 조정자와 같은 역할을 한다고 여겨졌다. 특정한 인간 행동은 의식과 무의식을 통해 각기 다르게 설명된다. 그런 차원에서 '의식'은 인간의 행동 기제를 작동시키는 '이성'과도 같은 말일 수 있었다. 연구가 진행됨에 따라 무의식이 의식의 이면에 있는 인간 행동의 숨겨진 원인이 아니라는 점이 분명해져 가고 있다. 다시 말해, 무의식은 의식의

---

4) 여기서의 무의식은 프로이트(Sigismund Schlomo Freud)의 무의식을 가리키지는 않는다. 프로이트의 무의식이 인간의 행동을 경험적으로 종합해낸 것이라면, 믈로디노프(Leonard Mlodinow)는 이 무의식을 연구와 측정에 바탕을 둔 '새로운 무의식(new unconscious)'과 구분하고자 한다. "새로운 무의식의 내적 힘들은 프로이트가 묘사했던 내적 추동들과는 아무런 관련이 없다. 가령 소년이 아버지를 죽이고 어머니와 결혼하고 싶어 하는 욕망, 여성의 남근 선망 따위와는 무관하다. 무의식의 크나큰 힘을 이해한 점에서는 마땅히 프로이트의 공—그것은 중요한 업적이었다—을 인정해야겠지만, 그가 구체적으로 의식을 형성하는 요인으로 지목했던 무의식적인 정서적, 동기적 요소들에 관해서는 과학이 이미 심각한 의혹을 제기했다. 사회심리학자 대니얼 길버트가 썼듯이, "프로이트의 운베부스트(Unbewusst, 무의식)에는 초자연적 느낌이 깃들어 있기 때문에, 그 개념은 일반적으로 입맛에 맞기는 힘들다.""(믈로디노프, 2013: 27).

하부구조로 단정될 수 없는 다른 기제를 가진 체계이다. "의식과 무의식의 철도는 각각 조밀하게 뒤얽힌 수많은 노선으로 구성되어 있고, 두 체계는 여러 지점에서 서로 연결되어 있다. 인간의 정신체계는 카펜터의 그림보다 훨씬 더 복잡하지만, 우리는 그 지도 속 노선들과 정거장들을 차츰차츰 해독해가는 중이다."(믈로디노프, 2013: 49) 밝혀지지 않은 의식과 무의식의 관계는 의식을 보다 보수적으로 정의하게 만든다. 다음 언급을 통해, 우리는 각성으로서의 의식이 우리가 말하는 뇌가 수행하는 지적 활동과 관계된다는 것을 알 수 있다.

한 가지 확실한 점은, 이 이중체계에서 무의식이 더 근본적인 층위라는 것이다. 무의식은 진화의 역사에서 일찌감치 발달했다. 생물이 외부 세계를 느끼고 안전하게 반응함으로써 기능과 생존의 기초적인 요구들을 잘 처리하기 위해서였다. 무의식은 모든 척추동물의 뇌에 표준으로 갖추어진 하부구조이지만 의식은 선택사항에 가깝다. 인간이 아닌 대부분의 다른 동물들은 의식적 기호적 사고력이 거의 없거나 전혀 없어도 충분히 살 수 있고, 실제로 그렇게 산다. 반면에 무의식이 없다면 어떤 동물도 살 수 없다. (믈로디노프, 2013: 49)

여기서, 뇌의 각성은 더 폭넓게 정의되어야 하며, 무의식은 뇌의 활동에서 지각, 즉 외부 정보를 즉각적으로 처리하는 능력과 관계되어 있다고 보아야 한다. "무의식은 놀라운 속도와 정확도로 언어를 다루고, 인식을 감지하고, 기타 수많은 작업들을 처리함으로써 의도적이고 의식적인 마음으로 하여금, 가령 번역 소프트웨어를 그 따위로 만든 사람에게 불평하는 것 같은 더 중요한 일에 집중하도록 해준다."(믈로디노프, 2013: 50~51) 여기서 무의식은 컴퓨터에 기본적으로 설치되어 있는 시스템 소프트웨어와 같다고 할 수 있다. 이런 류의 기반은 학습을 통해서 체득되기도 한다.[5] 그것을 인간이 자기의 용도에 맞게 활용하는 것은 의식의 몫이다.

체터(Nick Charter)는 무의식의 존재 자체를 부정하고, 의식의 일부라고 생각한다. 그는 푸앙카레(Henri Poincaré)의 생각에 반론을 제기하면서 무의식을 '미신'으로 규정한다. 푸앙카레는 어려운 수학 문제를 접하면서 문제를 풀지 않는 동안 갑자기 해법이

---

5) 에릭 캔델(Eric R. Kandel)은 의식과 관련해 기억을 외현기억(explicit memory)과 암묵기억(implicit memory)으로 구분한다. 외현기억은 "사람, 장소, 사물에 대한 정보 저장이며 그 정보를 되살리려면 의식적 주의 집중이 필요하다. 이런 기억은 언어로 기술될 수 있다. 일반인들이 거론하는 기억은 대부분 외현기억이다. 서술적 기억이라고도 한다"(캔델, 2014: 489). 암묵기억은 "되살리기 위해 의식적 주의 집중이 필요하지 않은 정보의 저장 대개 습관, 지각이나 운동의 전략, 연결 조건화 및 비연결 조건화와 관계가 있다, 절차기억(procedural memory)이라고도 한다"(캔델, 2014: 487). 인간의 학습 경험은 외현기억과 암묵기억 모두에 관계한다. 그리고 중요한 것은 외현기억이 암묵기억으로 변환할 수 있다는 점이다. "자전거 타기 학습은 처음에 자기 몸과 자전거에 대한 의시적인 주의 집중과 관련되지만, 결국 자전거 타기는 자동적이고 무의식적인 활동이 된다." (캔델, 2014: 153) 여기서 암묵기억은 마치 믈라디노프의 무의식과 유사한 것으로 규정할 수 있다. 그리고 인간의 무의식이 인지능력과 같이 모두 생득적이지 않다는 것을 보여준다.

생각난 경우를 예로 든다. 이때 떠오른 해법의 기저에 무의식이 있다는 것이 푸앙카레의 생각이다. 체터는 이렇게 갑자기 떠오른 영감들도 모두 '생각의 순환'(체터, 2021: 228) 과정에서 도출되는 것으로 본다.

> 푸앙카레의 수학적 묘안은 우리가 달마티안과 소 그림을 다시 찾아보다가 어떤 이유로 마침내 혼란 속에서 질서가 신비하게 떠올랐을 때 경험한 '통찰'과 정확히 똑같은 유형이다. 결정적으로 두 경우 모두 무의식적 생각이 몇 시간 혹은 며칠 동안 만들어낸 산물을 갑작스레 드러낸 것이 아니다. 그 대신, 해결책은 우리가 그 문제를 다시 심사숙고할 때 단 한 번 생각의 순환에서 발견된 것이다. 과거의 잘못된 해결책에서 자유롭게 벗어난다면 운 좋게도 뇌는 올바른 해결책을 떠올려줄 것이다. (체터, 2021: 228)

이러한 방식으로 무의식을 부정하는 논거들이 마련된다면, 무의식과 의식의 층위를 서로 구분하거나, 이 층위들의 연결 기제를 밝혀내지 않아도 된다. 그렇지만 무의식의 문제가 인간의 지능이나 두뇌와 관련해서 중요한 점은 뇌가 컴퓨터와 같이 완벽히 그 체계를 알 수 있는 기관이 아니라는 것을 깨닫게 해주는 데 있다.

3. 인간의 뇌와 인공지능의 비교

1) 비교의 전제

인간의 뇌를 컴퓨터인 인공지능과 비교한다면 전제되어야 할 것들이 있다. 우선, 인간의 두뇌와 비교하고자 하는 인공지능을 명확히 규정해야 한다. 인간의 상대가 프로그램으로서의 인공지능인지, 인공지능이 설치된 로봇인지를 분명해야 한다는 것을 뜻한다. 만약, 프로그램과 인간이 비교되어야 한다면, 인공지능은 인간의 뇌처럼 진화하지 않는다는 것이 당연하다. 아직 인간의 두뇌는 컴퓨터도 아니고, 완벽히 그 체계가 알려지지도 않았다. 잘 알지도 못하는 대상을 완벽히 재현한다는 것은 상상의 산물일 뿐이기 때문이다.

인공지능은 개별 용도에 최적화되도록 프로그램되어 있다.6)

---

6) 러셀(Stuart Russell)은 인공지능을 지적 행위자로 규정한다. 이 지적 행위자의 한계는 한정된 상황에서만 그 능력을 발휘한다는 데 있다. 이러한 한계는 인공지능의 제작 단계에서부터 존재한다. "지적 행위자를 구축하는 방법은 우리가 직면한 문제의 성격에 달려 있다. 그리고 문제의 성격은 세 가지에 달려 있다. 첫째, 행위자가 활동할 환경의 특성이다. 체스판은 혼잡한 도로나 휴대전화와 전혀 다른 환경이다. 둘째, 행위자를· 환경과 연결하는 관찰과 행동이다. 예를 들어, 시리는 자신이 볼 수 있는 휴대전화 카메라에 접근할 수도 있고 그렇지 않을 수도 있다. 셋째, 행위자의 목적이다. 상대방에게 체스를 잘 두도록 가르치는 일은 체스를 두어 이기는 것과는 전혀 다른 일이다."(러셀, 2021: 74) 물론 인공지능의 연구 방향은 범용 인공지능의 제작을 향해 나아가고 있다. 하지만, 범용지능은 그 자체가 목적이 아니라, 인공지능을 연구하는 과정의

학습이라고 하는 것도, 인공지능이 제작된 목적을 빠르고 정확하게 달성하도록 하는 과정에 불과하다. 그 인공지능은 자신의 프로그램이 인간의 전체 행위에서 어떤 의미를 차지하는지 알지 못한다. 인공지능은 복잡한 0과 1의 연속에 따라 냉정하게 판단한다. 정해진 프로그램에서 벗어난 경우, 인간은 금지되며, 경고받는다. 인간이 인공지능을 활용할 때, 규칙의 위반에 어떤 자비도 없다. "일부 학자는 마음을 컴퓨터에 비유하는 것이 유용하다고 생각하지만, 계산론적 관점을 비판하는 사람에 의하면 인간과 컴퓨터가 결코 같을 수 없는 점이 있다고 한다. 우리는 생각을 하지만 컴퓨터는 생각하지 않는다는 것이다. (…중략…) 겉보기에는 이해를 하는 것처럼 보이나 실제로는 아무것도 모르고, 본인이 하는 일의 의미를 전혀 파악하지 못한다는 것이다"(재럿, 2020: 141).

인간이 너무 자연스럽게 생각하는 인지능력, 언어능력, 운동능력은 인공지능에는 매우 어려운 숙제이다. 하지만 인공지능은 학습을 통해서 이러한 능력들을 완수할 수 있다는 가능성을 보여주고 있다. 마치 어린아이가 세상을 알아가듯이 인공지능은 인간 세계를 배운다. 그 습득은 빠른 속도로 진행되며, 인공지능이 쌓아가고 있는 지식의 힘은 막대한 데이터를 차별적으로 분류하는 데서 나온다. 이 분류는 일종의 프로그램된 판단인데,

---

산물이었다(러셀, 2021: 78).

이 판단이 바로 인공지능의 수행하는 일이고 목표 자체이다. 이 목표는 스스로 정한 것도 아닐뿐더러, 수단으로서만 유효하다. 인간은 자신이 추구하는 가치를 위해, 인공지능을 수단으로 사용할 뿐이다. 관련하여, 다음 언급은 주목할 만하다.

> 채섬(Chris Chatham)은 컴퓨터와 달리 뇌는 신체의 일부임을 강조한다. 이는 새로운 분야인 내재된 인지력(embodied cognition)의 관점에서 중요하다. 우리의 몸은 어떻게 생각에 영향을 미치는지 드러난다. 손을 씻는 행위가 도덕적 문제에 대한 결정을 바꿀 수 있고, 우리 몸의 따뜻함이 상대방의 인간성에 대한 판단을 흐리게 할 수 있으며, 책의 무게가 책의 중요성을 판단하는 데 영향을 미칠 수 있다는 것이다. 손을 자유롭게 움직일 수 있게 하면 아이들이 수학 문제를 푸는 새로운 방식을 배우는 데 도움이 되기도 한다. 이러한 사례에 상응하는 컴퓨터 관련 현상은 상상하기 힘든 것이 사실이다. (재럿, 2020: 142)

인간의 두뇌와 인공지능은 존재의 배경이나 작동 기제가 다르다. 따라서, 비교가 가능해지려면, 두 대상 간의 차이를 분명히 밝혀야 한다. 이들 간의 승부는 분명히 나와 있다. 데이터를 처리하는 속도, 기계를 목적에 맞게 빠르고 정확하게 움직이는 일에는 인공지능이 앞선다. 반면, 자신이 행하는 행위의 성과를 추구하는 가치에 맞게 조정하고 결집하는 일은 인간만 할 수 있는 일이다. 인간은 창의적인 일에 인공지능을 포함한 자신의 모든 자원을 활용하지만, 그 일 자체의 수행을 인공지능에 맡기지 않는다. 예를 들어, 스포츠 게임에서 이기기 위해서 인공지능이 제공하는 데이터를 활용하지만, 경기 자체는 오롯이 인간의 신체적 능력에 따라 승부가 결정된다. 약물을 포함하여, 신체 능력을 강화하는 어떠한 요소들도 경기에 영향을 미칠 수 없다.

　이런 전제들이 모두 충족되었다고 해서 인공지능과 인간 지능의 대결이 같은 조건에서 이루어진다고 할 수는 없다. 지능으로만, 신체까지 포함해서도 이 비교나 대결 담론이 인식론적이나 과학적으로 정합성을 얻는다고 할 수 없다. 그렇다고 이들에 대한 자연스러운 비교를 막을 수 없고, 담론에 대한 비판은 그 비교의 신화를 깨뜨리기에는 견고하게 대중들의 의식에 자리 잡고 있다. 인공지능과 인간은 서로를 지향하고 있다. 인공지능은 인간처럼 스스로 진화하고자 하고, 인간은 지능과 육체적 능력을 강화하고자 한다. 이들은 서로 어느 지점에서, 언제 만날지 모른다. 이 양측의 지향은 결국 인간의 욕망과 그 결핍에서 비롯된다. 비교의 이벤트가 인간이 우월성을 확인하는 장이 되든, 인공지능 기술의 발전에 경탄하는 장이 되든 인간의 욕망과 결핍은 부분적으로 채워진다. 인간과 인공지능이 비교 담론은 그 비교 가능성의 여부를 넘어 우리가 마주하고 있는 현실이다.

2) 깊이와 속도, 비교의 시작

그렇다면, 이런 현실이 우리 앞에 놓이게 된 원인은 무엇인가? 우선, 첫 번째로, 이미지화, 담론화된 현실이 실질의 세계보다 우선시되기 때문이다. 인공지능 발전의 실질, 즉 그 발전의 결과는 아직 인간에게 확실한 편의를 제공하거나, 확실한 위협으로 다가오거나 않았다. 분명히 발전하고 있고, 그 실체도 알파고, 딥블루, 인공지능 비서 등으로 실루엣을 보여주는 인공지능은 사회변동의 현재와 미래에 관한 중요한 논의 대상이다. 그리고 앞서 언급한 것이지만, 비교의 지점이 정확하지 않다는 점도 이런 현실을 더 강하게 느끼게 만드는 요인이다. 인공지능의 데이터 처리와 인간의 사고 방식이 다르다. 미디어나 각종 서적이 비교하는 것이 인공지능을 탑재한 로봇과 총체적 인간인지도 뚜렷하지 않다. 인공지능을 개발하는 쪽과 이를 경계하는 쪽과의 비교들은 각자의 관점으로 논의를 발전시키고 있으며, 대중들은 이 논의들에 많은 관심과 호응을 하고 있다.

김진석은 유발 하라리(Yuval Noah Harari)의 '의식과 지능의 분리'에 주목한다(김진석, 2019: 239). 인간에게 있어서는 의식과 지능은 분리할 수 없는 두 사항이다. 의식은 단지 깨어 있다는 것을 넘어, 지능과 함께 인간의 사고와 행동 방식의 방향을 결정하는 데 주요한 역할을 한다. 김진석은 이 지점에서 인간주의적 의식이 가상이라는 점이 밝혀졌다는 데 주목한다. 그는 두뇌를 일종의 가상 기계로 보고, 이 기계 작용과 관련된 의식이나 지능에 대한 개념이 주목받고 있는 점을 지적한다. 그리고 "사이버네틱스의 관점에서 분석되었듯이, 근대적 형태의 의식은 자기참조적인 재귀적 순환성의 한 형태"이며, "의식이라고 이해되었던 것은 정보의 형태로 작동하는 지능으로 변하고 있음"을 지적하고 있다(김진석, 2019: 265). 이런 생각은 두뇌가 갖는 복합적 개념에서 의식의 역할이나 중요성을 낮게 보는 것이라고 할 수는 없다. 컴퓨터 기술과 연산 능력 그리고 이를 활용한 정보통신 기술의 비약적인 발전으로 인해 지능의 기능 발전과 작동 성과가 더 강조되는 추세로 인한 현상이라고 볼 수 있다. 실제로 위에서 언급된 사이버네틱스(cybernetics)는 인공 두뇌학(人工頭腦學)으로서, 실제 인간의 두뇌와 같은 기제를 재현하는 신경과학과 협업을 하기도 하지만, 연구의 중심은 알고리즘을 통해 기계를 제어하는 데 있었다. 따라서 지능에 관한 연구는 의식에 관한 연구보다는 빠르게 발전하였다는 사실과 더불어, 그 성과가 기계의 자연스럽고 정확한 동작으로 시연되면서 대중에게 각인될 수 있었다. 이러한 발전이 마치 인간 두뇌 전체에 관한 공학적 분석과 연구가 급속도로 진행되는 것으로 착시효과를 일으킨 부분도 있다. 따라서 김진석이 하라리의 '의식과 지능의 분리'에 대해 주목한 것은 인간과 인공지능을 비교하는 담론에서는 분명히 해두어야 할 지점들 하나라고 할 수 있다.

한편, 하라리는 컴퓨터의 연산 능력의 발달이 의식과 지능을 차별적으로 고려하는 데 큰 역할을 했다고 생각한다. 지능과 의식의 분리는 컴퓨터가 인간을 완벽하게 재현할 수 없다는 단정에서 시작한다. 컴퓨터는 인간의 업무를 대신할 정도로 발전하고 있다. 이러한 역할을 하라리는 컴퓨터의 기능 발달로만 본다. 컴퓨터의 의식은 전혀 발달하지 않았을 뿐 아니라, 빠른 기술의 발전으로 인해 지능과 의식의 분리를 목도할 수 있고, 실제적으로 체감할 수 있게 된다. 하라리는 "지능은 반드시 있어야 하지만 의식은 선택사항"(하라리, 2017, 416)이라고 했다. 이 언급은 실용적 논리로서, "전통적인 인간적 의식 없이도 작동하는 지능의 효과"(김진석, 2019: 240)가 사회에서 중시되는 이유를 말해준다. 지능이 강조되는 이 시대를 다음과 같이 평가할 수 있다. "문제들의 의미에 대해 깊이 있게 숙고하는 행위보다 그 문제들을 얼마나 빨리 효과적으로 해결하느냐는 문제가 많은 사람에게 더 중요하게 다가오고 있다. 지능 시스템은 과거처럼 존재의 관조도 아니고 세계의 이해도 아닌 다른 것에 집중해야 할 것이다."(김진석, 2019: 241)

이제 문제는 인공지능과 인간 지능의 비교지점이다. 의식이 아니라 지능이 비교 기준이 되어야 하는 것이 분명해졌다. 그런데, 이 분명함은 인식적 추론에 의한 것이라기보다는 경험적인 것이다. 인간은 경험을 재구성해서 다시 다음 행동에 반영하는 데 늦다. 그러나 인간의 다음 행동은 과거의 그것을 복사하지 않는다. 시행착오를 통해서 인간은 지속적으로 빠른 인식의 변화와 행동 양식의 변화를 이루어왔다. 알고리즘은 자신이 학습한 모든 내용을 다음 행동에 활용한다. 인공지능은 인간이 이상적이라고 생각하는 지점 이상을 해내지는 못한다. 다양한 분야에서 인간보다 나은 그리고 많은 성과를 거두고 있는 알고리즘은 아직 정확히 예상한 지점까지만 발달한다. 인간이 만든 사물이 예측한 지점까지만 발달할 수 있다는 것은, 아직 그 사물이 인간의 통제 아래에 있다는 것을 뜻한다. 하지만 인간의 인공지능을 바라보는 욕망은 거기서 멈추지 않는다. 인간은 스스로 학습하여 계속 진화하는 시스템을 원한다. 진화하는 시스템은 진화한 인간과 정반대의 방향으로 움직인다. 다음 글을 보자.

> 사고와 예측하지 못한 상황, 환경 변화가 늘 일어나는 세계—즉 실제 세계—에서 살아남으려면 더 모호하고 느슨하고 적응력이 높고 덜 정확한 행동이 필요하기 때문에 이 요소들이 약화되지 않으면 안 된다. 생명은 제어할 수 없다. (…중략…) 살아 있는 생물은 정확하지 않다. 애클리는 복잡한 프로그램에 대해 이렇게 말한다. "'정확성'은 버려야 해요. '정확성'은 작은 시스템의 속성입니다. 큰 변화가 일어날 때에는 '정확성'을 '생존성'으로 대체해야 해요." (켈리, 2015: 605)

인간은 생존을 위해서 진화했다. 하지만 이제 살아남기 위해서 더 정확해져야 하는 운명에 처했다. 그 과정이 여러 차례에 걸친 산업혁명이었다. 더 정확한 기술만이 인간이 이 세계에서 살아남을 방법이자, 미래를 예측할 수 있는 것으로 만들 수단이다. 인공지능이 만약 진화하고자 한다면, 정확성이 아니라 생존, 다시 말해서 스스로의 발전 방향을 정해야 한다. 만약 인공지능이 인간처럼 진화하고자 한다면, 그 연산은 더 정확해지는 것이 아니라, 자신의 가치를 높이는 생존의 이유를 만들어야 한다. 인간은 정확성을 향해, 인공지능은 생존성을 향해 나아간다. 이 둘이 교차하는 지점이 바로 비교의 시작점이다. 여기서 담론은 시작된다.

4. 자아에 대한 자신감과 비교의 모순

김대식은 인간과 기계를 자유의지를 통해 구분한다. "세상을 인식하고 자신이 원하는 바를 선택할 수 있다면 그는 여전히 인간이다. 반대로 모든 선택을 기계인 그의 몸이 내린다면 그는 단지 잘 만들어진 기계에 불과하다."(김대식, 2014: 82) 그런데 이 자유의지가 있다는 것, 이 의지를 통해 결정하고 선택할 수 있다는 것은 앞서 말했지만 속도가 아니라 깊이에 관한 말이다. 그리고 자유의지는 기계만큼 속도와 정확성을 가질 수 없다는 것을 간파하고, 그러한 알고리즘을 만들어낸다. 이 알고리즘은 어디까지나 도구이다. 인간의 자유의지는 계속 작동한다. 이 알고리즘에 깊이를 더하기 위해 다시 자유의지를 만들어내는 잘 만들어진 기계인 두뇌를 연구한다. 두뇌라는 실체에 완벽히 분석해 낼 수 있다는 말은 근대의 인식론적인 자유의지를 가진 '자아'와 또 다른 '자아'를 발견하는 일이었다.

하지만 근대적인 자아도, 자유의지도 그 전체를 완벽히 파악할 수 없는 두뇌가 만들어낸 믿음의 대상이다. 인간은 그것들을 확인하지 못하면서도 있다고 믿고, 작동한다고 믿는다. 아니 믿게 될 수밖에 없었다. 자아에 대한 믿음은 과학의 발전과 반비례한다. 다음 하라리의 언급을 보자.

그럼에도 19세기와 20세기에 개인주의에 대한 믿음이 통했던 이유는 나를 효과적으로 관리 감독할 수 있는 외부 알고리즘이 존재하지 않았기 때문이다. 국가와 시장은 그런 알고리즘을 원했겠지만 당시에는 필요한 기술이 존재하지 않았다. KGB와 FBI는 내 생화학, 게놈, 뇌에 대해 막연하게만 알고 있었고, 설령 내 모든 통화를 도청하고 내가 거리에서 경험한 우연한 만남을 기록한다 해도, 그들은 그 모든 데이터를 분석할 연산 능력이 없었다. 그러므로 20세기의 기술조건에서는 나보다 나를 더 잘 아는 사람은 없다고 주장한 자유주의자들이 옳았다. 사람들이 자기 자신을 자율적인 시스템으로 간주하고, 빅브라더의 명령이 아닌 자기 자신의 내적 목소리를 따를 만한 이유가 충분히 있었다. (하라리, 2017: 450~451)

김대식이 말한 '자유의지 착시 칩'은 21세기의 혁명이라고 할 수 있을 정도의 과학 발전에도 사라지지 않을 듯하다. 자유의지를 착시를 일으키는 칩으로 칭하는 것은 인간 사고의 독특한 방식을 규정하는 일이다. 인공지능은 더 정확하고 신속하게 계산하는 방향으로 발전한다. 인간에게 계산은 여러 사고 방식 중 하나일 뿐이다. 인간은 자유의지를 통해 옳고 그름에 관계없이 자신의 믿음을 강화한다. 인간 행동이 만드는 모든 데이터를 인간 자신이 분석할 수 없고, 그리고 필요한 형태의 자료화하지 못할 때, 인간은 스스로 정의한 자신을 믿을 수밖에 없다. 자신에 대한 믿음 역시 자유의지의 한 결과이다. 자기를 믿을 수밖에 없는 인간은 자유의지가 객관적이고 공평한 작용 기제가 아니라 주관적인 판단과 믿음을 정당화하는 수단이라는 것을 보여준다. 인간의 자유의지에 대한 믿음은 계속해서 인간이 우월하다는 확인으로 이어진다. 자신을 자신만이 안다는 것, 따라서 현재와 미래에 벌어지고 있는 주변의 일들을 자신만이 제어할 수 있다고 판단하는 것 역시 위에서 언급한 착시 칩이 계속 작동하는 탓이다.

앞서 언급한 바와 같이, 인간은 자신의 모든 경험을 다 살려낼 필요가 없다. 인간에게 과거가 존재하는 이유는 그 오류를 수정하는 데만 있지 않기 때문이다. 모니어(Hannah Monyer)와 게스만(Martin Gessmann)은 인간의 기억이 과거 지각의 저장소보다 더 큰 역할을 한다고 지적한다.

기억이 미래를 내다보면서 대단한 창조력을 발휘할 수 있다는 우리의 설명을 상기하라. 기억은 재배열하고 재편성하고 분류하고 해석하면서 우리의 미래 행보를 위한 터전을 마련한다. 따라서 우리는 기억이 단지 낮에 입력되는 내용을 마치 장부에 기입하듯이 보존하는 역할에 머물지 않고 인생 이력에 관한 내용을 다룰 때는 모종의 독창성을 발휘한다는 점을 다시 한번 강조한다. 그런데 지금 우리가 논하려는 기억의 독창성은 반드시 긍정적이지만은 않다. (모니어·게스만, 2017: 159)

독창성은 마치 잠재적인 상태다. 아무런 결핍도 없지만, 에너지를 가지고 있다.[7] 그리고 이 에너지가 인간의 행동으로 드러날 때, 이 행동이 긍·부정은 자유의지가 판단할 문제이며, 집단이나 역사를 통해 해석되고 기술된다. 인공지능은 그 연산의 결과 혹

---

7) 마정미가 약술한 들뢰즈(Gele Deleuze)와 가타리(Felix Guattari)의 기관 없는 신체에 대한 논의는 독창성의 잠재성에 대해 이해하게 해준다. "요컨대 기관 없는 신체란 특정한 기계가 다른 기계로, 특정한 욕망이 다른 욕망으로 변환되는 내재적 장이라고 할 수 있다. 기관 없는 신체란 흐름의 연속체이고, 흐름이 집중되고 분산되는 장이며, 그 집중과 분산의 양상, 그 집중의 강밀도에 따라 그때그때 다른 기관, 다른 기계가 만들어지기도 하고 사라지기도 하는 장이고 욕망하는 기계들이 만들어지고 변형되는 터전이며, 욕망하는 기계들의 생산에 사용되는 질료요, 질료의 흐름이다."(마정미, 2014: 68) 독창성은 일종의 잠재적인 힘으로서 기존의 규칙이나 강박, 관습 등을 어기는 데 활용된다. 그 위반은 전면적일 수도, 부분적일 수도 있다. 독창성은 인간을 예상할 수 없는 방향으로 이끈다. 이 독창성은 인간에게 해를 끼칠 수 있지만, 그 피해를 복구하는 데에도 활용된다.

은 수행하는 행위의 정확성으로 평가받는다. 그리고 인공지능이 할 수 있는 실수는 개발 과정에서 겪는 실패 사례 중 하나가 된다. 인간은 자신이 경험한 것을 모두 기억하지 못한다. 기억하지 못한다는 것이 인지하지 못했다는 것을 의미하는 것이 아니라, 자신이 인지한 것을 자신의 인식으로 모두 불러오지 못한다는 것과 같은 말이다. 이를 단순히 인간의 한계로 보는 것은 인간의 독창성을 온전히 이해하지 못한 결과이다. 인간은 자신의 상상력으로 부족한 기억력을 메운다. 상상력은 기억하는 것들 사이를 연결하는 은유이고, 그 독창성은 심지어 그럴듯한 허구의 이야기를 만들어내기도 한다.

상상력을 자유롭게 풀어놓는 것만으로도 기억의 틈을 메울 수 있다. 이 경우에는 한낱 연상이 기억의 틈을 메운다. 학자들은 이를 '침입(intrusion)'이라고 표현한다. 침입은 우리가 기억의 틈을 의식적으로 다루지 않고 실제로 일어났음직한 사건을 상상할 때 일어난다. (…중략…) 기억 내 침입은 이른바 '誤再認(false recognition)'을 유발할 수 있다. 오재인이란 실제로 경험하지 못한 것을 경험했다고 착각하는 현상이다. 특히 오래전 사건들을 회상할 때 우리는 세부 사항을 보충하는 수준을 넘어서 실은 전혀 기억하지 못하는 장면과 사건 전체를 직접 체험했다고 여기는 경향이 있다. (한나 모니어·마르틴 게스만, 2017: 162~163)

다시 인공지능 쪽으로 눈을 돌려보자. 인간과 비교되는 기계는 실물 그 자체인가? 앞서 언급했던 바대로, 인공지능 역시 인간이 경험하지 않은 것이며, 그럴듯하게 만들어낸 상상의 피조물이 아닐까? 이러한 질문을 바탕으로 논의를 진행해보자.

인공지능과 인간과의 비교가 담론으로 계속 발전되는 것은 인공지능과 관련된 평가와 인간 사회에서의 제도의 변화가 빠르게 일어나고 있기 때문이다. 인공지능의 수정 자체는 엔지니어의 몫이지만, 인공지능이 수행할 사회에서의 역할은 매우 구체적이고 선제적으로 제시되고 있다. 이 예상의 담론은 사회의 제도로 구체화하고 있다. "인간의 자율성과 다르지만, 인공지능은 사람이 그 세부적 내용과 그로 인한 결과와 영향을 알지 못하는 방식으로 행동할 수 있는 기능을 갖췄다는 점에서 기존의 도구와 다르다."(구본권, 2016: 261) 앞서 언급했던, 인공지능은 속도, 인간 지능은 깊이라는 차별성과 관련하여 비교 담론의 문제점을 지적한 바 있다. 이제 문제는 다시 통제와 규칙의 문제로 옮겨간다. 일반화되지 않은 미디어를 통해 전달된 성공사례, 사건, 사고들은 인간의 독창성을 자극한다. 인간은 이 기대와 불안이 뒤섞인 자극을 상상할 수 있는 다양한 이야기들을 만들어내고, 합리적이라고 생각되는 그럴듯한 가정에 대비한다. 이 대비책은 구체적이지 않고, 포괄적이다.

인공지능이 결과적으로 자율적 기능을 구현한다는 점에서 인공지능은 도구 이상의 도구다. 2016년 미국 도로교통안전국(NHTSA)은 사람만으로 명시하고 있던 차량의 운전 주체에 자율주행 시스템을 포함시키는 방안을 검토하겠다고 밝혔고, 유럽연합에서는 로봇을 새로운 형태의 법적 주체로 간주하고 세금을 매기는 방안을 고려하고 있다. 인간을 대신해 자율적 판단과 기능 수행을 하는 '의식 없는 지능'에 대해 인간 아닌 새로운 인식과 행위의 주체로 인정하려는 움직임이 시작된 것이다. (구본권, 2016: 261)

구본권은 이렇게 담론을 통해 만들어지는 또 다른 담론, 정책과 제도에 대한 제안은 사회의 근본적인 성격을 통해 재조명되어야 한다고 생각한다. 구본권의 논의에서 울리히 벡(Ulrich Beck)은 제기한 '위험사회(Risk Society)'를 거론하면서, 그 본질이 '무지사회'이며, 이 무지가 "향상된 과학기술과 지식 때문에 생겨난 것"으로 판단한다. 과학기술 발달을 상정하는 것은 결국 "인간의 능력을 능가하는 인공지능과 알고리즘 시대의 도래를 단정하는 것"(구본권, 2016: 260)으로 이어진다. 하지만, 이 논의를 곱씹어보면 상황은 좀 다르다. 과학기술의 발전 주체와 그 내용을 정확히 아는 사람은 드물다. 계속 언급하는 것처럼, 그 발전의 증거는 몇몇 이벤트와 거기에 등장하는 인공지능 상품을 그래픽으로 설명하는 내용뿐이다. 인공지능은 스마트 폰이나 테블릿 컴퓨터처럼 우리가 해마다 새로운 혁신을 확인할 수 있는 상품이 아니다. 그런 점에서 무지 사회란 결국 과학기술의 급속한 발전 내용을 정확히 파악하지 못하는 대중의 무지에 대한 논의로 재구성될 필요가 있다.

모든 현실이 인지할 수 있는 실체로 구성되지는 않는다. 그 속에는 전망도 분명히 존재한다. 발전에 대한 전망과 예상은 현실을 판단하는 좋은 기준이 된다. 현실을 구성하는 전망에 인간은 투자한다. 그 전망이 미래에 실현되면 투자자들은 이익을 보게 된다. 거대 IT 기업들은 더 많은 자본을 끌어모으기 위해서 가장 실현하기 어려운 상상을 마치 현실인 것처럼 보여준다. 이러한 이미지들을 통해 대중들은 그 기업들에게 가장 큰 걸림돌은 시간인 것처럼 생각한다. 이렇게 기술 발전에 대한 전망이 너무 낙관적이다. 실패의 기록은 사업 철수로 기록되며, 다른 기업에 인수된 이 철수 사업은 새로운 얼굴로 대중의 투자를 요청한다. 다시 기술 발전의 주체를 분명히 해야 한다. 인공지능의 개발은 거대 IT 기업의 몫이다. 위에서 언급한 바와 같이 인간의 믿는 것에 따라 행동하고, 과학기술의 발전은 이제 근대적 자유의지의 범주, 즉 자신감의 영역에 들어온 듯하다. 하지만 공상과학소설은 허구의 이야기라는 것을 전제하고 읽지만, 미디어 속 전문가나 기자들, 이벤트들은 너무나도 현실처럼 대중들에게 각인되고 있다. 다음 김초엽과 김원영의 언급을 보자.

막대한 비용이 드는 첨단 과학의 특성이 과학 연구를 마치 주식시장처럼 돌아가게 하고 있다. (…중략…) 부풀려진 기대는 거품처럼 터지고, 사람들의 관심은 다시 다른 영역으로 옮겨 간다. 과학기술에 거는 기대와 실제로 도달한 미래는 일치하지 않는다. 스크린이 처음 등장했을 때 사람들은 종이가 없어질 거라 했고, 가상 현실 게임이 처음 출시되었을 때는 모든 사람이 가상현실 속에서 살아가는 미래를 예상했다. 그러나 수십 년이 지난 지금도 그러한 미래는 멀리 있다. (김초엽·김원영, 2021: 80)

실제로 인공지능과 인간의 비교가 가지는 목적은 인공지능의 괄목할 만한 기술 발전을 보여주고, 인간 시대의 종언을 알리는 데 있지 않다. 인공지능은 인간과의 비교라는 이벤트를 거쳐 상품화된다. 인간을 능가하는 인공지능의 놀라운 모습은 바로 이 상품의 가치를 높이기 위한 전략 중 하나라고 볼 수 있다. 인간의 삶을 개선할 목적으로 개발되었다는 인공지능은 완벽한 모습으로 우리 앞에 없어서 이중의 소외를 만든다. 첫 번째, 인간의 욕망이 담긴 이 기술은 인간의 직업을 앗아가고, 삶을 지배할 것이라는 담론으로 인간을 불안 속으로 밀어 넣는다. 두 번째, 인공지능은 첨단 기술인 만큼 높은 가격의 제품에 적용된다. 일례로 완벽한 자율주행 자동차는 아직 판매되지 않고 있지만, 부분적인 기술이 적용된 자동차도 일반 대중이 보편적으로 사용하기에는 비싸다. 따라서 이 새로운 기술에 경제적 문제로 접근하지 못하는 사람들이 또 한 번 소외된다.

이런 차원에서 전치형과 홍성욱의 논의는 설득력 있게 다가온다. 이들은 '미래'가 인기 있는 미래와 인기 없는 미래로 구분된다고 주장한다. 특히 인공지능은 인간의 미래를 규정하는 중요한 용어 중 하나이다. 그리고 인공지능이 존재하는 미래는 밝고 풍요롭다. 반면, '기후 변화'라는 용어와 연결되는 미래는 인기가 없다. 이 미래는 어둡고, 갈등이 존재하기 때문이다. 모든 미래에는 인간의 현재 모습이 반영된다. 인간은 자신의 미래에서 밝은 면을 보고자 한다. 인공지능은 멋진 미래를 상상하는 데 중요한 한 요소임은 분명하다. 하지만 이 인공지능 역시 현재의 인간이 겪고 있는 갈등과 문제들을 반영하고 있다. 아직 완벽한 실체로 존재하는 것이 아니기 때문이다. 인공지능이 상상의 산물이기 때문에 생기는 문제를 다음과 같이 전치형과 홍성욱은 예를 들어 설명한다.

『인공지능』 편집진이 고백했듯이 물리적인 형체가 없는 인공지능을 그림으로 표현하는 일은 쉽지 않습니다. 아직 존재하지 않는 미래의 인공지능을 그리는 건 더 어렵겠지요. 인공지능을 탑재한 기기가 우리 주변에서 작동하는 모습을 대중이 이해할 수 있도록 표현하려면 상상력을 발휘할 수밖에 없습니다. 그리고 그 상상력을 발휘하는 과정에서 디자인하고 편집하는 사람들이 가진 생각이 알게 모르게 들어가게 됩니다. 이 경우에는 여성과 집안일에 대한 생각일 것입니다. 누군가 집안일을 한다면, 그게 로봇이라고 해도 여성의 모습일 것이라는 가정을 읽을 수 있습니다. 새 표지 디자인을 결정하기 위한 공개 투표와 편집진의 최종 결정 과정을 거치면서 이 그림이 불러일으킬 수 있는 논란을 예상할 수 없었던 것은 어느 한 사람의 잘못이라기보다는 그만큼 젠더 문제에 대한 사회통념이 강하게 뿌리내리고 있었기 때문이라고 볼 수 있습니다. (전치형·홍성욱, 2019: 239)

인공지능이 완벽한 상품으로 우리 앞에 나타날 때, 그 형상조차도 지금 우리가 경험하는 주요한 사회적 관건들과 밀접하게 관계를 맺는다. "기술을 누가 혹은 어떤 집단이 어떤 목적으로 어떤 환경에서 사용할지를 상상할 때 우리는 사회에 이미 존재하는 젠더, 계급, 인종, 종교에 대한 통념의 영향을 받는다. 아무리 신기한 과학기술로 그리는 미래상이라고 해도 현재 사회의 모순과 갈등에서 자유로울 수 없다."(전치형·홍성욱, 2019: 240) 윗글에서 볼 수 있듯이 인공지능이 형상화되어 나타날 때 불러일으킬 다양한 문제들이 논의되고 있지만, 그 문제에 대한 충분하고 정확한 해법은 없다. 미디어를 통해 확산하는 담론들은 그러한 문제점들을 인간과 인공지능의 대결로 환원하고, 인공지능의 연산과 데이터 처리의 우수성과 강력함을 대중들에게 더 분명하게 각인시킨다. 다시 말해, 상품으로서의 인공지능은 너무나 많은 예측 가능한 문제점을 안고 있는데도 불구하고, 지능이라는 이유만으로 인간과 비교되는 것이다. 인간은 자동차, 청소기, 세탁기 등, 자신이 사용하는 모든 도구와 이렇게 전면적으로 비교된 적이 없는데도 말이다.

5. 비교 담론의 미래: 비판과 현실 사이에서

  인간 지능과 인공지능의 비교와 경쟁에 관한 논점들을 논점들은 끝을 알 수 없이 다양한 분야에서 증가하고 있다. 인간의 뇌와 관련하여, '지식'과 '의식'이라는 개념이 비교의 기준으로 적절한 것인가에 고찰하였다. 인간과 관련하여 지식은 외부 세계에 대해 학습한 데이터만을 가리키지 않는다. 지식은 행위의 판단 근거가 된다는 것을 주목해야 할 것이다. 지식 자체가 아니라 지식을 바탕으로 한 행위의 역사적·사회적 가치가 지식인을 규정한다. 다음으로, 인간 뇌의 작동 기제와 관련하여, '의식'이 깨어 있다 것과 다르다. 그리고 무의식과 의식은 과학적 근거와는 별개의 문제로 인공지능과의 비교의 지점이 될 수 없다.

  이 글에서는 다음으로 인공지능과 인간 지능이 비교의 대상이 될 수 있는지 검토했다. '의식과 지능의 분리'는 인공지능과 인간 지능의 발전 방향이 서로 다르다는 것을 분명히 보여준다. 인공지능은 정확성을, 인간 지능은 창의성을 지향한다. 따라서 인간 지능은 깊이, 인공지능은 속도를 그 평가 기준으로 삼는다는 데서, 이들의 비교는 합리적이지 못하다는 것을 알 수 있다. 마지막으로 인공지능이 구체적인 실체를 드러내지 않지만, 담론으로 이미 인간을 뛰어넘은 존재로서 우리 사회에 존재한다. 과학기술의 미래에 관한 약속들이 모두 지켜지는 것은 아니다. 과학이 예견하는 인공지능의 모습도 미래의 약속일 뿐이다. 하지만 인간과 인공지능의 모순된 비교는 계속되고 있고, 인간은 그 비교를 통해 자신을 새롭게 발견해 가고 있다.

도대체 무엇과 무엇을 비교하는가? 비교의 기준은 무엇인가? 다시 근원적인 질문으로 돌아온다. 이런 질문으로의 회귀는 근본적으로 비교 자체에 모순적 요소들이 내재하기 때문이다. 아무리 비교가 비정상적이라고 주장한다고 해도, 인간이 이미 인공지능과 경쟁하는 상황에 몰려 있다는 것은 누구나 아는 사실이다. 받아들이는 방식에만 차이가 있을 뿐이다. 현실은 다음과 같이 기술된다.

> 문제는, 동일한 무대에서 자동 주식거래 시스템과 경쟁해야 하는 주식거래 전문가들의 처지와 마찬가지로, 속도, 시기적절한 정보에 대한 접근성, 상대방이 무엇을 받아들일지에 관한 정확한 지식, 상대의 행동을 상대방 자신보다도 더 잘 예측해내는 능력 면에서 사람보다 압도적으로 유리한 위치에 있는 시스템과 쉴 새 없이 빈틈없는 경쟁을 벌여야 한다는 점이다. 마치 모든 카드 패를 속속들이 읽고 있는 딜러를 상대로 포커 게임을 하는 격이다. 앞으로는 삶의 모든 측면이 인간의 개입 없이 움직이는 아마존 같은 시스템들의 영향 하에 놓일 것이다. (카플란, 2016: 149)

인공지능은 인간을 한 시점에서 철저히 대신하지 않는다. 인간은 자신의 자리를 완벽히 내어주기 전까지 인공지능과 일정 기간 같은 일을 해야 한다. 이후 인공지능은 인간이 일했던 자리를 완벽히 차지하게 될 것이다. 이들이 같은 일을 하는 동안, 인공지능이 인간을 대치해야 하는 정당성이 확보되어야 하며, 인공지능의 상업적 가치는 더 높이 평가받아야 한다. 비교는 이러한 필요로 이루어지며, 인간은 그 비교라는 이벤트 속에서 인공지능의 존재를 경쟁 상대로 받아들이고, 더 깊은 소외감을 느낀다.

이 논문은 인공지능에 대한 비판과는 거리가 멀다. 앞서 전치형과 홍성욱은 사회적으로 굳건한 신뢰와 지지를 받는 과학이라는 분야가 미래를 약속하는 방식과 그 약속이 실현되는 과정을 비판적으로 바라본다. 인공지능의 신화는 이 논의에 대한 직접적인 예가 될 만하다. 인간과 같은 모습의 인공지능은 과학이 약속한 미래이다. 하지만 그 약속은 담론에서만 존재할 뿐, 구체적으로 실현되지 못했다. 사람들이 미디어에서 경험하는 인공지능은 그들이 약속한 성과의 실루엣일 뿐이다.

포스트휴먼과 지능 담론

: '몸'에서 시작하기

1. 몸의 개념화

인간의 몸에 대한 사고는 개념적이었다. 인간이 몸에 대해서 사고한다기보다 교육받기 때문이다. 이상적인 형상은 다다를 수 없는 경지에 있다. 예술의 경우가 그러하다. 주체가 그리는 것은 무엇인가? 본 것, 배운 것, 생각한 것 사이에서 혼돈은 계속된다. 본 것을 배운 대로 그리기도 하고, 배운 것을 생각한 대로 그리기도 한다. 올드리치(Virgil C. Aldrich, 2004: 73)의 글을 보자. "자기의 형이상학적인 입장이 관념론이나 혹은 정신주의인 예술 철학자라면 그는 예술작품이 물질적이라는 사실을 절대적으로 부인하고 나선다, 이 이론에 따른다면 근본적으로 물리적이라고 할 것은 사실상 아무 것도 없다. 시간과 공간 속에 있는 물리적 자연이라고 하는 것까지도 정신 혹은 마음이라고 하는 것이 자신이 아닌 타자의 단계로까지 외적으로 구현되거나 객관화되었을 때 보이는 모습이라고 한다." 예술작품은 근본적으로 세계를 재현하는 것이지 복사하지 않는다. 올브리치 식으로 말하면, 예술작품은 '마음의 작품'이다. 이 마음은 교육을 통해 혹은 사회적 고정관념을 통해 통제될 수 있다. 곰브리치(2003: 164)는 르네상스 시대의 미술 교육으로 인간의 몸이 개념화되었음을 지적한다. "이 당시에는 인체 데생 교실에서 자기 손을 그리는 것조차 허락되지 않은 채 '사람'을 그리는 법부터 미리 배우고 연습해야만 한다는 의미에서 모든 미술이 다 '개념적'이라는 것을 의심하는 사람이 없었다." 이렇게 개념화된 사람의 모습을 그리는 일은 매우 힘든 과정을 거쳐야 비로소 가능한 것이었다. 심지어 중세 사람들은 이러한 개념화된 인간의 모습을 통해 미술사의 연속성을 확인하고자 했다. "중세로부터 18세기까지 사이 미술의 연속성을 확보해준 것은, 실로 이 같은 전통의 숙련에 대한 끈질긴 고집이었다. 그동안 내내 모형의 지배에 대한 도전이 없었던 것이다. 물론 모사의 재료는 판화나 전래의 석고상이 보급됨에 따라서 측량할 수 없으리만큼 증가했다. 더구나 미술가들이 자신이 습득한 지식을 시험하곤 했던 누드에 대한 연구는 말할 것도 없고, 해부학 책들과 인체비율에 관한 책들까지도 거기에 보완 작용을 했다. 그러나 우리가 미술가의 눈과 손의 훈련에 대해 연구하려면 그림 교본들보다도 더 편리한 자료는 또 없을 것이

다."(곰브리치, 2003: 164)

위에서 볼 수 있듯이, 견고한 개념화된 몸에 대한 인식도 모든 지식이 그러하듯이 의심받으면서 변화되어 왔다. 현재, 몸의 개념은 인문학, 미학, 생명과학, 공학 등이 엇갈리는 흰 도화지와 같다.[1] 여기에 이상화된 몸의 개념과 해체 관점의 몸의 개념이 시대적으로 나뉘고 있다. '포스트휴먼'이라는 틀 속에서 생물학적 인간과 완전한 사이보그의 절충점을 찾는 논의들[2]은 급속히 확산하고 있다. 인공지능과 기계 몸이 결합한 새로운 인간의 탄생은 기대와 걱정을 동시에 낳는다. 하지만 이식이나 연장의 문제가 꼭 사이보그를 규정하는 데 핵심은 아니다. 더는 기계 없이 살아갈 수 없는 인간 자체를 사이보그로 규정하는 폭넓은 시각도 존재하기 때문이다. "그러나 상황은 그리 단순하지 않다. 나는 노트북 없이는 글을 쓰지 않는다. 내가 손에 펜을 들고 원고지

---

[1] 몸의 대상화와 관련하여 강미라의 언급을 보자. "몸을 의식과 완전히 구분되는 것으로 보는 관점은 철학적 사유에도 기반을 두지만, 보다 실질적으로는 근대 과학의 발전과 함께 확고해졌다. 근대 과학의 발전과 함께 몸은 자아가 소유하는 물질, 앎의 대상의 지위를 차지하게 된다. 앞에서 언급한 멘드비랑 이후의 철학은 과학의 대상으로 한정된 몸을 해방시키려는 시도이기도 하다."(강미라, 2011: 41~42)

[2] '포스트휴먼' 논의에서 몸은 결합을 기다리는 일종의 기관처럼 파악된다. 그렇다고 해서, 인간의 신체가 기계 부분들의 결합으로 치부될 수는 없다. 인간은 증강이라는 명분으로 몸과 기계와의 연결, 인간 두뇌의 인공지능으로의 대치, 장애를 기계적으로 극복하는 과정에 있다. 그 성패에 상관없이 이 과정에서 인간은 자기 몸에 대해 더 확인하는 계기가 된다. 포스트휴먼을 논의하면서 인간은 '휴먼'에 대해 지금까지 몰랐던 사항을 파악하게 되고, 기계와 알고리즘이 가지지 못한 상상력, 창의성 등을 더 명확하게 정의할 수 있게 된다.

위에 글을 쓴다는 것은 상상하기조차 어렵다. 마치 나의 몸-책상-커피-노트북-이어폰이 하나의 존재인 것처럼 연결되어 함께 작동하는 것이다. 이런 의미에서 보면 아마 누구도 자신이 순수한 인간이라고 주장하기 힘들어질 것이다. 단지 그 기계와 사물들이 나의 몸밖에 떨어져 있다는 이유로 아무도 나를 사이보그라고 부르지 않을 뿐이다."(임소연, 2014: 5~6) 과거로 회귀할 수 없는 진화의 흐름을 인간이 거스를 수 없다는 것이 포스트휴먼 논의의 주제이기도 하다. 결국 다시 인간의 몸과 인식의 문제로 회귀할 수밖에 없다.3) 이 논의는 나란히 놓기도, 뒤섞어서 논의하기도 망설여지는 몸과 인식에서 각기 정리되어야 할 것 같다. 이 글에서는 몸으로부터 포스트휴먼의 논의를 재구성해 볼 것이다. 또한 이 연구를 통해 포스트휴먼의 몸에 대한 논의의 일부를 정리해 볼 수도 있을 것이다.

---

3) 지금의 우리는 휴먼인데, 포스트휴먼이 되기 위한 조건으로 몸의 변화와 인식의 확장 중 어느 것이 중요한지에 대한 견해는 엇갈린다. 한편으로 캐서린 헤일스(Katherine Hayles)는 "신체의 일부가 기계로 대체되었든 그렇지 않았든 생물학적 변화가 없는 호모사피엔스도 포스트휴먼으로 간주될 수 있다"고 생각했다. 따라서 "포스트휴먼을 판가름하는 결정적인 특징은 비생물적 요소의 존재 여부가 아니라 주체성이 구성되는 방식이라는 것이다."(마정미, 2014: 8) 다른 한편으로, 윌리엄 깁슨(Willam Gibson)은 헤일스가 주장하는 전통적 인간관의 해체는 "현대의 사이버네틱스 주체 논쟁에서 계속 설 자리를 잃어왔던 신체를 회복시킬 기회라고 말한다."(마정미, 2014: 8)

2. 개선되어야 할 몸

이상적으로 개념화된 몸은 지금에 와서 '개선되어야 할' 대상으로 여겨진다. 인간의 생물학적 몸은 기계의 효율성과 비교된다. 약간의 알고리즘으로 변수를 계산할 수 있는 기계는 반복 작업에서 인간보다 훨씬 효율적으로 일한다. 기계는 밤새도록 일하지만, 급여를 더 받으려 하지 않는다. 이 단순한 비교는 인간의 몸을 각 부분으로 해석하는 데 일조하며, 마치 프로그램과 같이 업데이트되어야 할 대상으로 여기게 한다.

'바디2.0'은 바디1.0, 자연적 형태의 몸, 즉 생물학적인 진화의 과정을 통해 자연적으로 형성된 몸보다 한층 업그레이드된 몸을 말한다. 그것은 '슈퍼바디', '트랜스바디'와도 일맥상통한다. 바디 2.0은 탄소 기반의 생물학적 인간의 몸, 즉 바디 1.0 이 가지는 한계와 불편함을 극복하고자 하는 우리의 욕망과 연결되어 있으며, 한마디로 '변형된 몸'을 지향하고 있다. 최근 자신을 사이보그라고 주장하는 사람들은 이렇게 말한다. "인간의 몸은 근본적으로 결함이 있다. 인간의 몸은 기술적인 수단을 통해 개선될 수 있으며, 또 개선되어야만 한다." (몸문화연구소, 2019: 22~23)

이때의 몸은 그 자체가 논의의 대상이라기보다는, 지금의 새로운 산업혁명의 광풍 가운데에서 꼭 변해야 할 인습과도 같이 다루어진다. 이렇게 몸을 다루는 방식은 위에서 보듯이 인간의 욕망과 밀접하게 관계를 맺고 있다. 개선할 수 있는 몸의 각 기관은 작동을 위한 기능으로 규정된다. 몸에서 일어나는 현상을 통해, 인간은 그 현상의 원인이 되는 부분을 찾고자 한다. 노화는 몸 전부에서 일어나는 현상임에도 불구하고, 피부를 관리하면서 노화를 늦출 수 있다고 하는 사고들이 그러하다. 몸문화연구소는 몸의 담론을 중심으로 포스트바디 사회를 구분하고, 다음과 같이 정의한다. "포스트바디 사회는 기존의 바디 사회와는 달리 우리 몸의 분할가능성, 대체 가능성, 교환 가능성, 처분 가능성 등의 측면에서 훨씬 자유로운 사회를 말한다. 기존의 붐은 유기적이고 완전한 전체로서 우리가 함부로 처분하지 못하는 어떤 무엇으로 다루어졌다면, 포스트바디 사회에서 우리의 몸은 부분적이고, 분할 가능하고, 대체·교체·교환 가능하며 처분이 가능한 것으로 다루어진다."(몸문화연구소, 2019: 24~25)

문제는 이처럼 몸을 개선하겠다는 욕망이 지향하는 지점이다. '개선'은 가치판단이 투영된 말이다. 개선에 대한 동의 여부는 사람에 따라 다르다. 동의하는 사람들을 '트랜스휴머니스트'라고 부를 수 있을 것이다. "타고난 인간 조건을 거스르는 반란. 이것은 내가 이 책을 쓰면서 알게 된 사람들의 동기를 한마디로 압축한 것이다. 이 사람들은 대체로 '트랜스휴머니즘'이라는 운동을 표방하는데 이 운동은 우리가 기술을 이용하여 인류의 미래 진화를 좌우할 수 있고 그래야 한다는 확신을 근거로 삼는다.

이들은 우리가 노화를 사망원인에서 배제할 수 있고 그래야 하며, 우리가 기술을 활용하여 몸과 마음을 향상시킬 수 있고 그래야 하며, 우리가 기계와 융합되어 궁극적으로 스스로를 더 이상적인 모습으로 개조할 수 있고 그래야 한다고 믿는다."(오코널, 2018: 15) 미래 진화를 주도하려는 생각은 매우 이상적일 수 있으나, 모든 인간의 현실에는 맞지 않다. 특히 그들이 주로 예로 제시하는 장애의 극복과 같은 문제들은 실제 그것을 경험하는 당사자의 현실과는 동떨어진 경우가 있다.

김초엽은 인간의 몸이 겪을 수 있는 질병과 장애를 같은 차원으로 바라보는 것이 합당하지 않다고 생각한다. 질병은 반드시 치유해야 할 대상이지만, 장애는 관점에 따라 인정의 대상이 되기도 한다. 트랜스휴머니즘은 기술을 통해 장애를 반드시 극복하고자 한다.

트랜스휴머니스트들의 관점에서 장애인 사이보그는 아주 멋진 아이콘이다. 트랜스휴머니즘은 인간의 한계를 뛰어넘기 위한 기술에 주목하며, 그러한 기술은 필연적으로 교정과 향상을 요구한다. 따라서 첨단 생체공학으로 장애를 극복하고 보통의 인간보다 빠르게 달리는 사이보그들은 트랜스휴먼의 훌륭한 상징이다. '도래한 사이보그 시대'를 이야기할 때 가장 먼저 등장하는 예시가 바로 장애인이다. 하반신 마비 장애인이 로봇 외골격을 입고 달리며, 절단 장애인이 아름답게 장식된 보철 다리를 착용하고 춤춘다. 아직 기계와 인간의 결합을 막연한 미래로만 생각하는 대중을 설득할 때 장애인들은 "지금 여기에 이미 사이보그가 있다"는 증거로 매우 적합하다. (김초엽·김원영, 2021: 75~76)

트랜스휴머니즘은 정형화된 인간의 모습을 목표로 하며, 이것은 마치 이상화된 개념적 인간의 모습을 추구하는 것과 같다. '인간'이라는 이데아는 포스트모더니즘을 통해 해체되었다. 트랜스휴머니즘은 지금의 인간을 '휴먼'으로 상정하고, '증진된' 인간을 추구한다. 여기서 추구한다는 것 자체가 중요한 것이지, 정확히 도달하고자 하는 형상이나 이상형은 존재하지 않는다. 목표가 정확하지 않은 대상의 추구는 인류에게 미래를 약속하는 과학기술을 바탕을 둔 사상에는 적합하지 않다. 그들의 실험이 실패했을 때 너무 많은 대가를 치러야 하고, 대중에게 보편적으로 이익이 되지 못하면, 그들이 생각하는 증진된 인간에 대한 희망은 찻잔 속의 태풍이 될 수밖에 없다.[4] 트랜스휴머니스트들

---

4) 전치형과 홍성욱은 기술 개발이 이루어지는 과정에서 불평등의 문제와 같은 인간의 기본적 조건들을 사회적 차원에서 토론하는 일이 같이 이루어져야 한다고 주장한다. 기술의 역할은 인간 삶의 질을 개선하는 데 있지만, 기술의 역할과 접근성에 관한 논의는 그 기술의 혜택을 받을 인간들로서는 중요한 문제라고 할 수 있다. 기술은 미래에 대한 약속으로 우리 곁에 존재한다. 전치형과 홍성욱은 이렇게 약속으로 존재하는 기술을 '기술-미래 예언'이라고 칭한다. 다음 이 두 학자의 주장은 개인의 사이보그 개념 수용하는 데 있어, 사회적 토론이 중요한 과정임을 다음과 같이 강조한다. "이것은 기술-미래 예언을 그대로 수용하는 방식으로는 가능하지 않습니다. 집단적 토론을 통해서 기술-미래의 내러티브를 직접 만들어보고 이것을 다른 관점의 내러티브와

이 증명하고 싶은 것이 완전한 몸의 회복이라면, 이 '완전하다'는 개념 자체가 장애가 있는 사람들에게 어떤 의미인지 확인하는 것이 중요하다.

질병과 장애를 치료하려는 시도 자체가 잘못되었다고 말할 수는 없다. 누군가는 장애를 가진 자신을 있는 그대로 인정하면서도 동시에 장애를 치료하기를 원할 수도 있다. 문제는 장애를 가진 사람들이 더 나은 삶을 살아가기 위해서는 '손상'을 제거해야 한다는 생각이 사회의 지배적인 관점이라는 것이다. 치료만이 유일한 해결책이라는 관점은 현실에서 장애인들이 지금보다 더 잘 살아갈 수 있는 다양한 가능성을 지워버린다. (김초엽·김원영, 2021: 82)

따라서 몸에 대한 보편적인 사고는 완벽한 형태의 몸 혹은 증강된 몸에 대한 추구가 아니다. 주체 자신이 받아들일 수 있는 몸이다. 분명, 어떤 사람은 장애를 제거하고 정상이라고 생각하는 몸으로 살고자 할 것이다. 장애가 제거되어야 할 대상이라는 사고는 몸이 가진 한계에 대한 수많은 사고 중 하나일 뿐이다. 이때 교정이라는 말이 등장한다. 장애를 교정하는 방식은 제각각이다. 장애의 제거는 이 교정의 극단적인 방법이라고 볼 수

비교해가면서 수정, 발전시키는 과정이 필요합니다. 대부분의 훌륭한 예언이 그렇듯이, 기술-미래 예언도 그것을 접한사람들이 스스로 생각하고 행동할 계기를 만들 때 가장 좋은 효과를 낼 것입니다."(전치형·홍성욱, 2019: 193)

있다. 이 극단적인 방법은 무책임한 온정과 시혜의 사고이다. 장애의 여부와 상관없이 몸은 그 자체로 이 다양한 삶의 방식을 만드는 시발점이다.

임소연은 인간과 동물, 유기체와 기계, 물질과 물질 아닌 것이라는 세 이분법적 관점을 재정립하는 데 사이보그가 주요한 역할을 하면서 자신을 규정한다. 특히 두 번째 유기체와 기계 사이의 경계에서 사이보그가 위치하는 방식은 우리의 논의에서 주목할 만하다. "유기체와 기계의 결합은 기술이 인간 사회를 지배한다는 기술결정론과 기술이 우리를 몸으로부터 자유롭게 해 줄 것이라는 포스트모던한 친기술주의가 허상임을 일깨워 준다. 왜냐하면 사이보그의 몸은 유기체와 기계 어떤 쪽도 온전히 다른 한쪽을 통제할 수 없기 때문이다."(임소연, 2014: 31~32) 기계의 이식은 증강이 아닌 일종의 혼란을 가중한다고도 볼 수 있다. 이상적인 사이보그는 유기체의 몸과 기계가 결합했음에도 불구하고, 인간이 이 몸을 완벽히 통제하기 어렵다. 다만, 이런 복합적인 몸에 익숙해져 가는 것이다. 인간이 더 편하고, 안전하게 사이보그로서의 자기 몸을 통제하는 방식을 논의하는 것이 기술 발전을 주도하는 트랜스휴머니스트들의 몸에 대한 지나친 기계화에 대한 상상력을 한정하는 역할을 할 것이다.

3. 확장되어야 하는 몸

1) 확장된 몸

앞서 컴퓨터가 없으면 글을 쓰지 못하는 학자의 예처럼, 도구
는 이제 몸의 연장처럼 여겨지고 있고, 도구를 제 몸처럼 사용하
는 인간을 사이보그로 규정하기도 한다. 이때의 도구나 수단은
몸 밖에 있지만, 인간의 몸에 이식된 기계처럼 한정된 일을 할
때 없어서는 안 된다. 마정미는 특히 미디어와 몸의 관계에 주목
한다. 미디어는 인간이 닿지 못하는 세상, 자기가 부재했던 시공
간에서 일어나는 사건들을 인지적으로 경험하게 해준다. 이 미
디어를 통한 인간 경험의 확대가 인간의 확장으로 규정된다. 매
클루언(Marshall McLuhan)은 인간의 확장이 기술을 통해 이루어
진다고 보며, 이 기술들로 만들어진 산물을 '확장물'로 명명한다.
이 확장물들은 인간의 타자가 아니라 인간의 몸과 일체화되어
자리 잡는 시스템의 부분으로 규정된다. 다음 매클루언의 언급
을 살펴보자.

　　우리 자신을 기술적인 형태로 확장한 것들을 보고, 사용하고, 지각
하는 것은 필연적으로 그 확장물들을 받아들이는 것이 된다. 라디오를
듣거나 인쇄물을 읽는 것은 이 같은 우리 자신의 확장물들을 개인적인
체계 속에 받아들이는 것이며, 그에 자동적으로 따라오는 '폐쇄' 또는

지각의 치환을 경험하는 것이다. 이처럼 일상적으로 사용하면서 우리의 기술을 계속 받아들이는 것이 우리가 우리 자신의 이미지를 인식할 때 무의식적인 지각과 마비를 일으키고 있는 나르시스의 역할을 그대로 하게 만드는 것이다. 지속적으로 기술을 수용함으로써 우리는 우리 자신을 그 기술의 자동제어체계로 만듦으로써 관련을 맺게 된다. 바로 이 점이 왜 우리가 기술을 조금이라도 쓰게 되면 이들 대상, 즉 우리의 확장물들을 신이나 작은 종교인 것처럼 섬겨야만 하는가에 대한 이유다. 인디언은 그의 카누의 자동제어체계이고, 카우보이는 자기 말(馬)의 자동제어체계이며, 중력은 시계의 자동제어체계다. (매클루언, 2011: 142)

미디어를 통한 인간의 확장의 과정과 그 해석은 그리 간단하지 않다. '확장'이라는 용어 자체도 '한정'으로 다른 관점으로 사용되는 일도 생각해보아야 한다. "인간의 확장이란 인간이 지닌 의지와 욕망에 의해 도구를 단순히 사용할 수 있음을 말하는 것이 아니다. 그것은 매체의 기술적 특성과 물리적 특성의 범위와 한계가 인간이 사고하고 지각하는 범위를 제약하게 됨을 의미한다."(마정미 2014: 15) 이 글과 같이 기술의 발전이 인간의 사고와 지각 범위를 확대해준다는 낙관론도 위험하다. 미디어가 오히려 대중의 경험하는 범위를 축소할 수 있는 이 시기에, 소셜 미디어의 등장은 '미디어'가 제어하는 인간의 의식을 해방하면서 미디어라는 용어 자체를 새롭게 정의하게 만드는 획기적인 사건이다. 최근 소셜 미디어의 확산이 대중의 세계 경험에 큰 영향을 주는 것도 이른바 텔레비전, 라디오, 신문 등의 전통적 미디어들이 전달하지 못한 내용을 대중들이 직접 소통하고 있기 때문이다.

확장이든 한정이든 분명한 것은, 이제 지각이 몸이라는 경계를 넘어서고 있다는 것이다. 이렇게 몸을 넘어선 지각은 공간의 제약에서도 해방된다. 이때 몸은 존재하는 것인가? 몸은 단순히 세계에 대한 경험을 위한 지점일 뿐인지도 의문스럽다. 다시 지각과 관련된 몸의 현존과 부재 사이에는 많은 의문이 발생한다.

2) 확장될 몸

'원격현존'이라고 지칭되는 몸의 현존 문제는 미디어의 발달로 인해 발생했다. '몸'의 현존과 부재에서 생기는 간극은 혼돈을 가져오기는커녕, 인간의 확장이라는 측면에서 새로운 연구의 장을 열어 놓는다. 지각은 인간이 현존하지 않아도 현존할 수 있도록 해주는 아이러니를 가능하게 해주는 인간의 특성 중 하나이다. 미디어는 이제 인간의 욕망으로 제어되는 소통 도구가 아니라 계속해서 몸으로 스며들어 체화되는 과정이며, 이 과정은 일상이 되었다.[5]

---

5) 로이 에스콧(Roy Ascott)은 이와 관련하여 다음과 같이 언급하고 있다. "텔레

이 지점에서 두 가지 논의가 가능하다. 우선, 인간은 기계와 기술의 발전을 몸으로 받아들이면서 자기 역시 진화해간다는 점을 지적할 수 있다. 진화 과정의 특성은 다시 그 과거의 과정으로 되돌릴 수 없다는 데 있다. 다시 손 필기가 자판으로 글을 쓰는 작업을 대치할 수 없다. 그리고 검색을 위해서 도서관을 먼저 떠올리는 사람도 없다. 인터넷 뱅킹과 스마트 뱅킹의 발전으로 인해, 은행 지점을 직접 찾아가는 일이 흔하지 않다. 이제 기술과 기계의 발전이 인간의 지각을 주도하고 있다. 매클루언은 이를 다음과 같이 언급하고 있다.

> 생리학적으로 볼 때, 기술(또는 다양한 방식으로 확장된 신체)을 정상적으로 사용하는 사람은 그 기술에 의해 끊임없이 변형되고, 다시 그의 기술을 새롭게 변형시키는 방법들을 찾아내게 된다. 마치 벌이 식물의 생식기이듯이 인간은 말하자면 기계 세계의 생식기로서 언제나 새로운 형태들을 수태하고 진화시키는 것이다. 기계 세계는 인간의 소망과 욕구를 촉진함으로써, 말하자면 인간에게 부를 제공

매틱[원격] 지각을 위한 초감각적 장치에 의해 시각 능력이 고양되는 것처럼, 우리들의 감각 체험은 신체적 감각을 초월해 간다. 컴퓨터는 눈에 보이지 않는 것을 바로 그 상태 그대로 다루는 것이다. 그래서 컴퓨터는 우리들 시각의 바깥 쪽, 즉 인간의 자연적 감각이 허용하는 범위 안에서 작동하는 물질적 지각이라는 조잡한 레벨의 바깥쪽에 존재하고 있다. 그것은 관련성이나 시스템, 작용과 분야, 변형과 전이, 카오스적 집합, 그리고 보다 고도의 조직적 질서를 처리해 간다."(에스콧, 2002: 71)

함으로써 인간의 사랑에 보답한다. (매클루언, 2011: 107)

다음으로, 어디에나 존재하는 몸은 어디에도 있을 필요가 없다는 사고로 이어진다. 심혜련은 폴 비릴리오(Paul Virilio)의 연구들을 정리하면서 몸의 부재와 관련된 사고들을 제시한다. 비릴리오는 실제적인 공간의 상실에 따른 신체성의 소멸을 주장한다. "그에게 가상 공간의 확장은 실제 공간의 소멸을 의미하며, 또 가상적인 몸의 등장은 실제 몸의 소멸을 의미한다."(심혜련, 2016: 126) 원격현전의 일환인 원격 촉각을 만들어낸 기술의 발전은 지금 여기의 감각이라고 여겨졌던 접촉의 감각을 해체한다. "몸은 여기 있으면서 지각은 저기를 통해 오게 된 것이다."(심혜련, 2016: 126) 이 기술적 성과로 지금 여기 몸은 필요가 없다. 결국 보고, 듣고, 느끼는 일을 몸이 아니라 인지기능이 대신하면 되기 때문이다. 그렇게 된다면, 한스 모라벡(Hans Moravec)의 말은 상당히 설득력 있게 다가온다. 기술로 인해 인류는 자신이 몸을 버리고, 정신만을 기계에 업로드하여 살아갈 수 있기 때문이다. 한번 업로드하면, 다시 되돌릴 수 없어서 이는 분명한 진화이다. 이 진화는 기술이 주도한다. 이 진화를 포스트휴먼, 트랜스휴먼 개념의 등장과 더불어 가장 충격적인 인류의 변화로 내세우기도 한다. 이에 대한 반론은 분명하다.

앤디 클락(Andy Clark)은 모라벡의 그러한 논의가 과장되었음을 지적한다. "공정하게 이야기한다면, 모라벡 자신은 훌륭한 형태의 인간-기계 관계가 갖는 공생적인 본성을 반복해서 강조하였다. 자아를 일종의 지속적인 고차 패턴으로 보려는 그의 견해는 그의 비판자들이 말하는 것보다 훨씬 미묘하고 흥미롭다." (클락, 2015: 305) 그렇지만, 대중이 흥미로워하는 내용, 즉 '신체와 그 능력은 마음이나 자아와 근본적으로 무관하다'는 탈신체화의 논리적 기반이 되는 내용 역시 모라벡이 주장한 것이 맞다. 클락의 반론은 다음과 같다.

> 우리 스스로의 물리적 기반을 의식적인 진행 과정의 기제로만 동일시하는 것은 말도 안 된다. 우리가 본 것처럼, 우리가 수행하고 생각하는 것들은 모두 의식적인 자각 및 반성의 내용과 그 아래에서 생각을 쏟아내고 능란한 실제 세계의 행위를 지원하는 과정의 복잡한 상호작용에서 생겨난다. 고차적인 패턴으로서의 자아라는 그림에 어떤 진실이 있다면, 두뇌와 신체, 그리고 세계에 걸쳐 퍼져 있는 다수의 의식적 혹은 비의식적 요소들의 활동으로 그 패턴을 결정한다는 것이다. (클락, 2015: 306)

아직 일어나지 않은 일에 반론을 가하면서 대립하는 것은 이론적 기우일 수 있다. 모라벡이 제기한 가정이 문제가 되는 것은 인간의 욕망이 그것을 지향하고 있기 때문일지 모른다. 늙은 혹은 병든 유기체 몸과의 작별은 영생이라는 오랜 꿈과도 연결된다. 분명한 것은, 모라벡의 생각은, "지금의 기술로는 어림도 없는 이야기다. 트랜지스터로 뇌의 복사본을 만드는 건 고사하고, 뇌의 역설계조차 완성되지 않았다." 뇌의 업로드를 가능하게 할 수 있는 기술을 개발하는 노력이라면, 초소형 나노봇을 만들어, 노화되거나 고장 난 부분을 정기적으로 수리할 수만 있다면, 굳이 몸을 포기하지 않아도 된다(카쿠, 2015: 439).

포스트휴머니즘이 트랜스휴머니즘과 같은 개념의 외연을 가지지 않는 이유는 아직 성립되는 과정이기 때문이다. 포스트휴머니즘의 인간의 진화 과정에서 제기될 수 있는 논의를 제어하는 역할을 한다. 인간의 진화 방식을 담론으로 예상하고, 그 예상을 담론으로 조정하는 인간학이다. 이전에는 역사를 포함하여 인문학이 과거의 일을 종합하면서 인간의 삶을 기술해 왔다면, 포스트휴머니즘은 인간의 모든 요소에서 일어나는 변화 과정을 예상하고, 그 예상들을 기술과의 관계를 통해 비판적으로 종합하고 있다. 한 가정의 반론은 그 가정의 과도함을 제어한다. 몸의 현존과 부재에 관한 연구는 한쪽이 완전히 다른 쪽을 이론상 압도할 수 없다. 다만, 그 대립 속에 녹아 있는 권력과 욕망을 어떤 방식으로 떨쳐버리고 최대한 많은 인류에게 희망을 줄 수 있는 메시지로 전달할 수 있느냐가 이 새로운 이데올로기의 역할이다. 몸의 부재에 관한 가정들을 비판하는 헤일스(Katherine Hayles)의 언급은 이러한 차원에서 주목할 만하다.

포스트휴먼이 인간성의 종말을 의미하는 것은 아니다. 포스트휴먼은 특정한 인간 개념 개념의 종말, 개별 작인과 선택을 통해서 자신의 의지를 실행하는 자율적 존재로서 스스로를 개념화할 부와 권력, 여유를 가진 극히 소수의 인간에게만 적용될 수 있는 개념의 종말을 의미한다. 치명적인 것은 포스트휴먼이 아니라 포스트휴먼을 자아를 보는 자유주의적 휴머니즘 관점에 접합하는 것이다. 〈당신〉이 컴퓨터에 자신을 다운로드하는 것을 선택해서 기술적 지배를 통해 불멸이라는 궁극적인 특권을 얻는다고 모라벡이 상상할 때 그는 자율적인 자유주의 주체를 버리는 것이 아니라 주체의 특권을 포스트휴먼 영역까지 확장시키는 것이다. 그러나 포스트휴먼은 자유주의적 휴머니즘으로 회복될 필요도 없고, 반(反)인간으로 구성될 필요도 없다. 패턴/임의성의 변증법 속에 존재하며 탈신체화된 정보가 아니라 신체화된 실재에 바탕을 두는 포스트휴먼은 인간과 지능을 가진 기계의 접합을 다시 생각해 보는 수단을 제공한다. (헤일스, 2013: 503)

첨단기술은 기술을 살 수 있는 사람에게 독점될 수 있다. 이러한 독점과 차별의 원인을 견제할 수 있는 것은 몸이 모든 진화의 시작점이라고 하는 담론들뿐이다. 위 매클루언의 체화된 미디어 역시 거의 모든 사람의 지각과 인지가 미디어를 통해 이루어진다는 것을 말하지만, 몸이 없이는 미디어도 없다. 몸을 해체와 부재를 논하는 기술 중심의 포스트휴머니즘 논의를 반박하는 것이 소모적 담론을 만드는 것은 아니다. 인간의 정신을 완전히 컴퓨터에 업로드할 수 있다는 생각을 반박하면서, 우선 우리는 이런 개념들의 실제가 과학자, 공학자들이 흔히 하는 미래 약속의 한 형태임을 앞서 확인한 바 있다. 다음으로 이 반론은 몸에 대한 담론을 새롭게 일신하는 데 이바지할 수 있다. 이때의 몸 담론은 예측이 아니라, 과학과 공학, 인문학의 공조를 통해 확장된 인간의 모습으로 재현된다. 다음 헤일스의 다짐은 기계화의 낙관론과 대비할 만한 의지가 읽힌다.

나는 자유주의적 휴머니즘 주체의 해체야말로 현대의 사이버네틱스 주체 논쟁에서 계속 말소되어 왔던 신체를 회복시킬 기회라고 생각한다. 그러므로 나는 정보가 어떻게 신체를 잃었는가라는 이야기에 초점을 맞출 것이다. (…중략…) 나의 꿈은 무한한 힘과 탈 신체화된 불멸이라는 환상에 미혹되지 않고 정보 기술의 가능성을 받아들이는 포스트휴먼, 유한성을 인간 존재의 조건으로 인정하고 경축하며 인간 생명이 아주 복잡한 물질세계에, 우리가 지속적인 생존을 위해서 의지하는 물질세계에 담겨 있음을 이해하는 포스트휴먼이다. (헤일스, 2013: 28~29)

이런 논의를 통해 인간의 몸은 과학적, 공학적, 인문학적으로 확장될 것이다. 포스트휴먼의 논의가 사이보그, 로봇과 인공지능이 인간을 완벽히 대체하는 과정을 기술하는 것이 목표가 아니라면 말이다.

4. 현실화되는 상상

기술의 발전은 알고리즘, 즉 인공지능이 인간 지능보다 앞선다는 것을 증명함으로써 가속도가 붙는다. 인간이 할 수 없는 일, 혹은 하기 싫은 일을 인공지능이 대신하면서, 기술은 더 비싼 가격에 시장을 활보한다. 유기체적 몸과 두뇌는 무기력하다. 트랜스휴머니즘은 몸의 '증강'을 내세우지만, 잘 살펴보면 지치지 않는 인간이 되고자 하는 것이다. 인간의 걱정은 예측할 수 있는 것들로 가득 차 있다. 일자리의 상실과 로봇의 지배가 그것이다. 다시 생각해봐야 할 것이 있다. 인간이 기계를 향해가는 간단한 상상이 아니라, 인간을 다시 연구해야 하는 거대한 프로젝트가 필요한 것이 아닌지 말이다.

물론 산업화와 기계화로 신체가 트라우마를 겪었던 20세기 초반과 지금의 상황은 전혀 다르다. 당시는 세계대전이라는 기계화한 전쟁 속에서 인간의 신체가 유린되던 시절이었다. 하지만 정보화 단계로 접어든 오늘날에는 '인간의 기계화'가 아니라 거꾸로 '기계의 인간화'가 진행되고 있다. 오늘날 인간과 기계 생물과 무생물의 경계가 무너진다면, 그것은 인간이 무생물로 격하되기 때문이 아니라 기계가 생물로 진화하기 때문이다. 이 시대의 언캐니는 초현실주의가 아니라 차라리 초합리주의의 산물이다. (진중권, 2014a: 152~153)

이 초합리주의는 다시 과학과 공학, 인문학이 결합한 새로운 인간 중심주의가 될 가능성이 크다. 그것이 기술 발전에 맞서 어느 정도일지 모를 지켜야 할 최소한의 인간성을 규정해내는 일이 포스트휴머니즘의 일일 것이다. 포스트휴머니즘은 아직 종착점에 도달하지 않은 '휴머니즘'이기 때문이다.

　이 글에서 우리는 인간의 몸을 중심으로 포스트휴머니즘의 일부를 살펴보고자 하였다. 우리는 '개선해야 할 몸'과 '확장되어야 할 몸'으로 나누어 논지를 전개하였다. 개선하여야 할 몸은 트랜스휴머니즘을 더 선명하게 보여준다. 장애와 비장애의 사이에서, 장애의 제거를 둘러싼 기술에 대한 담론이 형성되는 방식과 현실을 살펴보았다. '확장되어야 할 몸'과 관련해서는, 기술의 발전으로 인한 인간의 지각 확장과 몸의 관계를 연구하였다. 인간의 지각은 몸이라는 물리적 한계를 넘어서고 있다. 매클루언이 말한 바와 같이 기술은 체화되고 있다. 그리고 기술 발전에 따라 인간도 진화한다. 이 과정에서 지각을 강조하면, 신체는 더는 필요 없는 것이 된다. 하지만 인간의 몸은 확대될 대상이다. 이 당위성은 포스트휴머니즘이 인간의 기계화에 대한 담론이 아니라는 데 기인한다. 포스트휴머니즘은 새로운 인본주의이다. 이 인본주의는 하나의 학문이 중심으로 형성되지 않는다. 과학, 공학, 인문학이 상호 협조하면서 새로운 인문학은 만들어진다. 그리고 논의의 시작점은 기계에 대한 우려가 아니라 앞으로 진화할 인간의 몸과 의식이다.

담론의 재현을 통해 본
인공지능 형상화에 대한 연구

1. 담론 생성과 재현의 확산

A.I(Artificial Intelligence)의 시대이다. 많은 소설과 영화에서 로 봇 혹은 인조인간 등과 관련된 상상력을 보여주었고, 보여주고 있다. 메리 셸리(Mary Wollstonecraft Shelley)의 소설 『프랑켄슈타인 (*Frankenstein*)』은 그 효시라 할 만하다. 프랑켄슈타인의 등장은 당시 과학의 성과가 가져다 준 최고의 상상력을 보여주고 있다. 이 작품의 서문에는 "이 허구적 이야기의 토대가 되는 사건은 다윈 박사를 비롯해 몇몇 독일 생리학 저자들의 추정에 따르면 불가능하지는 않다고 한다"(오윤호, 2014: 347)고 적시되어 있다. 즉, 이들은 인간이 새로운 형태의 유사 인간을 만드는 것이 가능 하다고 생각했던 것이다.

그러나 『프랑켄슈타인』는 과학에 대한 낙관론을 보여주지 않는다. 다윈의 진화론, 생리학 인간의 성분을 직접적으로 연구하여 새로운 인간을 만들려는 노력은 마치 연금술과도 같다.[1] 하지만 앨런 튜링(Alan Mathison Turing)이 예언한 바[2]와 같이 인간은 컴퓨터 공학을 통한 인간에 대한 이해를 통해 새로운 인간을 만드는 데 성공할 것으로 보인다.

최근 약한 인공지능과 강한 인공지능에 대한 논쟁은 인공지능이 정확한 자리에 인간 사회에 인간이 바라는 모습으로 도래하기를 바라는 인간의 모습을 분명히 보여준다. 강한 인공지능에 대한 공포는 딥러닝을 통해 인공지능이 인간을 넘어설 수 있다는 것에서 비롯된다.[3] 미래학자들이나 영화 등의 콘텐츠에서

---

1) 영화 〈제 5원소(The Fifth Element)〉은 지구연방이 우주선 잔해에서 건진 한 쪽 손의 세포로 여주인공 '리루'를 3D 프린팅 방식으로 '만들어 내는' 것을 보여준다. 이는 의학을 비롯한, 생리학, 세포학 등 인간을 구성하는 물질에 대한 과학이 매우 발달한 미래를 보여준다. 최근 줄기세포를 이용하여, 3D 프린팅 방식으로 망가진 장기를 복원해내는 기술도 충분히 가능하다고 보고 있다(EBS, 2018.4.6).

2) 고다마 아키히코는 이에 대해서 다음과 같이 기술하고 있다. "독일은 당시 최고 성능을 자랑하는 암호 장치 '에니그마'를 이용하여 통신을 암호화했다. 노이만과 나란히 컴퓨터를 발명한 사람으로 일컬어지는 앨런 튜링이 컴퓨터를 이용하여 이 에니그마를 해독한 것이 연합군이 승리하는 큰 요인 중 하나가 되었다. 튜링과 노이만이 컴퓨터로 실현하고자 한 것에는 공통점이 있다. 비록 폭탄과 암호 장치라는 차이는 있지만 다른 기기가 어떻게 작동하는지를 시뮬레이션하고 예측한다는 것이다. 특히 튜링은 그처럼 생각하는 힘을 가진 컴퓨터는 이윽고 인간을 뛰어넘을 만큼의 지능을 획득할 것이라고 예언했다. 여기서 인공지능의 역사가 시작된다."(아키히코, 2017)

3) 1997년 디퍼블루(Deeper Blue)가 카스파로프(Garry Kasparov)와의 대결에서

제시하는 초인간적인 인공지능의 모습은 인간들에게 흥미보다
는 앞으로 벌어질 일에 대한 무한한 상상을 하게 했다.[4] 실제로
이 상상 중에 가정용 인공지능이나 자율 자동차는 상용화되었거
나, 출시를 눈앞에 두고 있다.

　이 글에서는 이러한 인공지능뿐만 아니라 초인간의 모습이
어떻게 영화 속에서 재현되는지 언어학적 차원에서 보고자 한
다. 영화에 나타난 막강한 인공지능의 능력이나, 초인간의 모습
은 아직까지는 허구라고 할 수 있다. 하지만 우리가 만들어 낸
허구의 이야기 속에 등장한 많은 상상들이 현실이 되었다는 것
을 감안할 때, 재현 양상을 연구한다는 것은 상당한 의의가 있을
것이라고 생각한다.

승리하였다. 이어 2011년 IBM의 슈퍼컴퓨터 왓슨(Watson)은 미국의 퀴즈쇼
제퍼디에 출연하여 우승하였다. 그리고 2016년 구글의 딥마인드(Deep Mind)
가 만든 바둑 인공지능 선수 알파고(AlphaGo)는 이세돌 9단과의 대결에서
승리하였다.

4) 미래학자 토마스 프레이는 미래의 일자리에 대해서 많은 논점을 제시했다.
그는 획기적인 일자리의 감소보다는 일자리의 성격이 변화하는 것에 중심을
두고 있다. 그는 "4차 산업혁명으로 일자리 20억 개가 사라지고 전 세계의
실업률이 50%가 된다는 예측이 나온다"면서도 "다빈치 연구소에서 심도 있게
논의를 한 결과 50% 인구가 실업자가 되는 것이 아니라 지금 산업에 종사하는
사람이 직업을 바꾸게 되거나 다른 일에 종사하게 된다"고 말했다. 또한 "사람
들이 하는 일이 모두 효율성이 높아진다"며 "기업들은 적은 사람을 투입해
더 많은 효과를 낼 수 있다"고 말했다. 이어 "일자리가 줄어든다는 것은 일의
효율이 좋아지고 능률이 향상된다는 것"이라며 "일자리는 사라지지 않지만
일의 성격이 달라지는 것"이라고 설명했다(중앙일보, 2017.11.23).

2. 재현과 인공지능

　일반적으로 재현(représentation)은 언어의 가장 기본적인 기능에 해당한다. "언어는 실질이 아니고 형식이다"(Saussure, 1967: 164)라는 소쉬르(Ferdinand de Saussure) 말은 세계에 대한 재현이 언어적 형식으로 재정리 된다는 것을 천명한 것이다. 언어학과 관련하여 재현은 '의미작용(signification)', '실제(réalité)', '실제의 이미지(image)' 같은 용어들과 관련을 맺는다.

　철학에서는 더 구체적인 논점들이 발생한다. 우선 재현은 존재론적 실체가 지각할 수 있는 세상의 허상에 의해 가려져 있다는 생각이 있다. 다른 한편으로 존재론적 실체와 주체 사이에는 실재를 구축하는 거울이 존재한다는 것이다. 이 거울은 세계에 대한 의미작용이 만드는 것이다. 의미작용을 통한 세계와 존재의 이해는 비트겐슈타인(Ludwig Wittgenstein)의 사고(Wittgenstein, 1986)와 유사하다. 비트겐슈타인은 재현이 세계에 대한 것을 말해주는 것이 아니라, 재현 그 자체가 세계라고 생각한다. 우리는 재현으로부터 세계에 대한 지식을 얻게 된다. 부르디외(Pierre Bourdieu)는 더 나아가 실재(réel)의 재현을 실재 속에 포함시켜야 한다고 주장했다(Bourdieu, 1982: 136).

　우리는 여기서 귀멜리(Christian Guimelli)의 주장을 눈여겨 볼 필요가 있다. 우선 그는 재현이 현실의 해석이라고 생각한다. 상징작용들과 관계를 맺고 있는 현실은 의미작용을 통해 해석된다. 사회적 재현은 주어진 사회적 대상에 대한 한 집단 속의 개인들이 공유하거나 생산한 신념, 지식, 의견 전체를 포괄한다. 귀멜리는 더 나아가 재현의 개념에 층위를 제시한다. d우선, '중핵(noyau central)'인 심층 단계가 존재한다. 이 단계에서 재현은 사회 구성원이라면 누구나 가지고 있는 반박할 수 없는 것이며, 사회적 정체성에 대한 기억들로 구성된다. 귀멜리는 심층 단계와 구별되는 '주변 시스템'의 층위를 상정한다. 주변 시스템에서는 다양한 범주화(catégorisations)가 일어난다. 이 범주화를 통해서 재현은 순간적인 실체를 제시한다. 다시 말해서 비교적 짧은 순간의 사회적 상황들을 통해 어떤 실체가 해석될 수 있는 기표로 재현되는 것이다(Guimelli, 1999: 64).

인공지능은 영화의 소재로 다양하게 재현되고 있다. 하지만 영화에서 나오는 완벽한 형태의 인공지능은 없다. 인공지능이 탑재된 자율주행차의 경우, 데이빗 핫셀호프(마이클 나이트 역)가 등장한 『전격Z 작전(*Knight Rider*)』에 등장하는 '키트'와 같은 자동차는 출시 될 '예정'이지 아직 출시되지 않았다. 국제 자동차 기술자 협회(SAE, Society of Automotive Engineers, https://www.sae.org)가 나눈 0~5단계(levels 0~5)에 따르면, 마지막 5단계의 자동차는 완전한 수준의 자율주행 자동차로서, "탑승자가 차에 올라타 목적지를 말하거나 내비게이션에 입력하면 목적지까지 자동으로 이동하는 형태다. 당연한 이야기지만, 이 단계의 자동차는 운전석이 필요 없으며, 실내를 단순히 앉는 공간이 아니라 이동형 사무실, 숙박시설, 여가시설 등으로 활용하는 것도 가능하다."(동아일보, 2018.1.30) 더불어 우리는 자율주행 자동차가 가져올 생활의 변화에 대해서 빈번히 기사화되고, 미래를 예측하는 소리를 다양한 매체를 통해 접할 수 있다. 인공지능 로봇도 이와 마찬가지이다. 인간과 함께 생활하는 인공지능 로봇, 흔히 말하는 완벽한 형태의 휴머노이드는 아직 우리 현실에 와 있지 않다. 하지만, 앞서 서론에서 인용하였던 것처럼, 인공지능 로봇에 담론, 즉 그것에 대한 기대와 우려는 계속해서 우리의 생활을 변화시키고 있다. 이러한 인공지능의 모습을 우리는 기호 체계로 설명할 수 있다. 인공지능이라는 기표, 그리고 그것에 대응하는 기의가 그것이다. 인공지능이라는 기표가 고정되어 있다면, 그것을 채우는 기의는 지속적으로 변모하면서, 인공지능이라는 기호를 담론의 형태로 발전시키고 있다. 이제 재현의 문제로 다시 돌아와 보자.

　인공지능은 앞서 말한 것과 같이 담론 속에서 실재한다.[5] 그런 점에서 비트겐슈타인의 '재현 그 자체가 세계'라는 말은 의미하는 바가 크다. 실체가 아닌 담론으로 존재하는 인공지능은 미래에 대한 예견을 재현한 것이다. 그리고 그 재현은 사회 구성원들

---

5) 김휘택은 이에 대해서 다음과 같이 언급한다. "인공지능에 대한 생각들은 이제 거대한 담론으로 실체화되어 우리 모두가 경험하고 있고, 계속 진화하고 있다. 어쩌면 이 담론을 통해서 우리는 인공지능 시대를 미리 살아가고 있는지도 모른다."(김휘택, 2018: 100)

이 개인적으로 갖는 인상이 아니라, 공감하는 내용이 되었을 때 일종의 신화가 된다. 이 담론으로서의 재현은 그 자체로 사회적 논의의 세계를 형성한다(김경용, 1994: 200).

그리고 부르디외가 주창하는 '실재 속에 포함된 재현' 역시 인공지능과 관련하여 설득력을 얻을 만하다. 인간과 같이 생활하는 인간에 근접한 인공지능은 아직 만들어지지 않았다. 하지만 인공지능의 담론은 실재한다. 우리는 인공지능에 대해 주변에 실재하는 실체와 같이 이야기한다. 그것이 주는 위협감에 걱정하기도 하고, 대비하기도 한다. 인공지능 때문에 없어질 여러 직업들에 대해 말하면서 미래를 대비하기도 한다. 인공지능은 재현된 담론으로서 우리 사회에 실재한다.

귀멜리의 두 층위로 구분되는 사회적 재현에서도 인공지능 담론의 위치는 비교적 명확하다. 사회적 재현의 문제는 인문과학과 사회과학에서 현재 많이 다루어지고 있는 주제이다. 왜냐하면 재현이 사고의 시스템, 가치, 주의(主義), 사상들의 구분, 정의, 사회 속에서의 구조화에 대한 매우 복잡한 문제들을 설명해주기 때문이다(Charaudeau et. al, 2002: 503). 인공지능은 중핵인 심층 단계보다는 주변 단계에 위치한다. 인공지능의 담론이 기하급수적으로 늘어난다 해도, 인공지능은 우리 생활에서 다양한 형태로 활용되고 있기 때문에 사회 구성원들의 정체성과 기억의 일부를 차지하기에는 많은 여건들이 갖추어져야 한다. 특히, 인간 생활에 깊숙이 관여하는 인공지능과 관련된 법적, 제도적 장치들은 마련되지 않았다.[6] 그리고 인공지능의 담론들이 현재 진행형이기 때문에 계속해서 범주를 바꿔가고 있는 것이 현실이다. 기본적으로 인공지능은 컴퓨터 공학의 담론으로 분류되었지만, 4차 산업혁명과 맞물려 산업적인 범주에 속하기도 하였다. 지금은 인공지능의 상용화가 진행되면서, 인간성, 윤리 등과 관련된 범주에서도 활발하게 논의가 진행 중이다(최은창, 2016).

보통 영화나 만화 등의 콘텐츠로 형상화된 인공지능은 재현의 산물인가? 우리가 논의하는 인공지능은 실재하지 않는 것이기 때문에, 콘텐츠로 형상화된 인공지능에 대해 '가상의 것'이라고 할 수도 있다. 하지만, 우리는 담론 속에 인공지능이 실재 한다는 것을 알고 있다. 다음에서 우리는 담론으로 실재하는 인공지능, 그리고 우리 앞에 실제로 형상화된 인공지능 간의 관계를 살펴보겠다.

3. 실재하지 않는 인공지능

롤랑 바르트(Roland Barthes)의 다음 언급을 보자.

---

6) 최근에 인공지능을 탑재한 자율주행차는 이미 상용화가 눈앞에 있다. 이 자동차의 상용화와 관련해서 실제 발생하거나 발생할 문제들에 대한 사회적 논의 다수 진행되고 있다. 특히 자동차 사고 시 발생하는 많은 문제의 경우수를 포괄할 수 있는 법제정은 시급한 실정이다. 이에 대한 예로 다음 기사를 참조할 수 있다(조선일보, 2016.4.21).

아인슈타인의 뇌는 신화의 대상이다. 그런데 역설적으로 가장 뛰어난 지성은 최대로 계량된 기계의 이미지를 형성하며, 너무 강한 인간은 로봇의 세계로 들어가 심리학과는 멀어진다. 미래 공상 소설에서 초인간들은 언제나 무엇인가 사물화된 것을 가지고 있다는 사실을 우리는 알고 있다. 아인슈타인 역시 마찬가지이다. 사람들이 그를 표현할 때, 일반적으로, 진정으로 진귀한 선별된 기관인 그의 뇌를 가지고 이야기 한다. 신화 상에서 아인슈타인은 물질이며, 그의 능력이 본능적으로 정신성(spiritualité)과 연결되는 것은 아니다. 그에게는 독립적인 도덕, 즉 지식인이 가진 "의식(conscience)"의 도움이 필요하다. (Barthes, 1957: 91)

위 글은 아인슈타인의 뇌와 함께 초인간에 대해 언급한다. 아인슈타인의 뇌는 신화라는 담론을 통해서 물질적인 것이 되었고, 영화나 소설에서 볼 수 있는 초인간 역시 정신성에 대한 강조보다는 그가 가진 사물화된 요소들을 통해 관심을 받는다. 아인슈타인의 뇌를 인공지능으로 환원해 보자. 거대 IT기업들과 인공지능 연구소들은 인공지능이라는 온전히 물질성을 가진 실체에 현재 인간의 '정신성'과 '의식'을 장착하기 위해 노력하고 있다. 물질적인 인공지능은 재현 속에서 이 두 요소를 충분히 장착할 수 있다. 이때, 우리는 인간의 의식이나 정신성은 일종의 신호로 환원될 수 있다는 가설도 만나게 된다. 이러한 가설은 "영화에서 인간이 시스템에 접속하는 장면 속에서" 재현된다. 이 장면은

"'인간의 의식'에 관한 인공지능이나 정보과학의 주요 쟁점들을 반영"하고 있다.

　　인간의 신경망과 컴퓨터를 연결하는 칩을 만들 수만 있다면, 뇌에서 발생하는 모든 신호를 포착하여 디지털로 변환할 수 있고, 결국 두뇌의 데이터 및 감각 내용을 기계로 다운로드 할 수 있다는 것이다. 혹은 역으로 기계 정보를 뇌 속으로 업로드 할 수 있다는 것이다(『매트릭스』에서 트리니티가 접속하고 있는 동안 헬기 조정법을 업로드하는 장면을 떠올려 보자). (이수진, 2013: 113~114)

　　"인간의 신경망과 컴퓨터를 연결하는 칩을 만들 수만 있다면"이라는 위 인용문의 가정적 표현에 주목하자. 인공지능은 가정적 조건들을 통해서만 인간의 의식을 장착할 수 있다.[7] 이러한 수많은 가정들은 '아직 이루지 못한 것' 혹은 '도달하지 못한 것'

---

7) 유발 하라리의 경우, 인간의 의식이나 감정을 가진 인공지능이 불가능하다고 언급하고 있다. "그는 "마음은 과학이 이해하는 데 실패한 주제이기도 하다"며 "인간이 주관적인 감정을 어떻게 만들어 내는지 아는 사람은 아무도 없다"고 밝혔다. 이어 "아무리 뛰어난 인공지능이라도 인간의 의식은 가질 수 없다"며 "알파고는 경기하면서도 불안과 기쁨을 느끼지 못한다. 지능은 높은데 의식은 없는 상태일 뿐"이라고 잘라 말했다." 그의 불가능에 대한 단정은 확신에서 온 것이라기보다는 인공지능의 발전에 대한 경계와 공포에서 온 것이라고 할 수 있다. 같은 인터뷰에서 그는 ""인간에게 가장 위협이 되는 기술은 인공지능"이라며 "인간이 감정적 기술로 인공지능에 대해 우위를 점할 수 있다고 생각하지만 인간이 인공지능보다 뛰어날 것이라는 확신은 없다""고 언급한다 (연합뉴스, 2016.4.16).

을 가능하도록 만드는 필요조건이다. 인간의 의식과 정신성이 신호로 환원되면서, 인공지능은 육체의 제한에서 자유로워진다. 인공지능은 컴퓨터, 자동차, 스피커 등 다양한 형태로 인간의 삶에 개입할 수 있게 된다. 영화에서는 이를 더욱 극적으로 재현한다.

이러한 입장에서는 정신작용의 핵심이 정보의 전달 과정과 일치하며, 몸과 의식은 분리 가능하다. 또한 정보를 받아들이고 처리하고 저장하는 정신작용과 신경계 시스템을 컴퓨터 프로그램으로 얼마든지 시뮬레이션 할 수 있다. 나아가 인간이라는 생물학적 유기체와 인공지능 메커니즘은 다를 게 없다는 주장, 인간의 몸의 역할은 축소되고 다른 몸으로 얼마든지 대체 가능하다는 주장으로까지 확대시킬 수 있다. 이러한 맥락에서 SF에서 흔히 로봇, 사이보그, 아바타가 마치 접속하고 있는 인간처럼 활동하는 것이다. (이수진, 2013: 114)

이렇게 인공지능의 담론과 재현은 활발하게 이루어져 왔다. 하지만, 아직 인공지능이 인간의 의식을 가질 수 있는지, 가져야 하는지에 대해서는 첨예한 논쟁이 계속되고 있다. 강한 인공지능과 약한 인공지능에 대한 논쟁이 그 예가 될 수 있을 것이다. 여기서 강한 인공지능은 통념상 인간의 의식을 갖는다.[8] 하지만

---

8) 손병홍·송하석·심철호(2002: 7~19)는 인공지능의 의식 보유 가능성에 대한

이 논쟁은 학자들에 의해서가 아니라 거대 IT기업 구글(Google)에 의해 종식될 기미가 보인다. 이 기업은 뇌 과학자와의 협업을 통해 "인간의 의식을 재현하려고"[9] 하고 있다. 물론 구글이 하고 있다고 하니, 실현 가능성이 높아 보이기는 하지만, 아직 인간의 의식을 가진 인공지능이 존재하지 않는다는 것은 분명하다.

4. 비실재하는 인공지능을 재현하기

"로즐린 뒤퐁 록과 장 랄로에 의하면 미메시스[10]는 '이미 존재

여러 학자들의 논리적 추론을 소개한다. 여기서도 그 가능성 여부에 대한 추론적 대립을 보여주고 있다.

9) 다음 발췌문을 보면, 인공지능이 갖추어야 할 궁극적인 자질은 인간의 의식이라는 것을 알 수 있다.
  "구글에서는 지금 물리적인 방식으로 사람의 '의식'을 재현하기 위해 많은 노력을 기울이고 있는 중이다. '합성의식(synthetic consciousness)', '기계의식(machine consciousness)'이라고 불리는 이른바 '인공의식(artificial consciousness)'을 구축하는 것이 최종 목표다."(The Science Times, 2016.12.22), "인간의 의식을 재현하려는 구글": https://goo.gl/881wij)

10) 미메시스를 '모방'으로 번역하지 않고, 재현으로 번역하는 이유를 제라르 데송은 다음과 같이 언급하고 있다. "우리는 미메시스를 '모방'으로 번역함으로써 야기할 수 있었던 모든 오해에 관하여 익히 알고 있다. 만약 미메시스 개념을 플라톤적인 관점에다가 일치시킨다면 이 개념은 아리스토텔레스의 관점에서 볼 때는 거짓으로 변하게 되는 것이다. 로즐린 뒤퐁 록과 장 랄로가 아리스토텔레스의 《시학》에 나타난 미메시스 개념을 '재현'이라는 개념을 선택해서 번역한 것은 바로 이러한 이유 때문이며, 이 때 접두어 '재(再, re)'는 단순하고 기계적인 반복을 의미하는 것이 아니라 근본적으로 '2차적'으로 표현 한다는 의미를 강하게 내포하고 있는 것이다."(데송, 2005: 50)

하는 대상들에서 출발하여, 하나의 시적 가공물에 다다르는 운동 그 자체이다'."(데송, 2005: 50) 앞의 인용문을 보면, 재현은 대상을 실재한다는 것을 전제로 한다. 그렇다면, 실재하지 않는 것에 대한 재현은 어떻게 가능한 것인가? 진중권은 디지털 이미지의 지표성을 통해, 그러한 재현이 가능하다는 것을 설명하고 있다.

디지털 테크놀로지와 더불어 사진의 지표성(indexicality)을 잃었다. 디지털 사진은 복제가 아니라 생성이나 합성의 이미지다. 전통적 의미의 지시체(=피사체)는 거기에 존재하지 않기에 실재와 일치하라는 인식론적 요구를 하는 것 자체가 불가능해진다. 디지털 사진은 현실의 '사본'이 아니다. 그것을 여전히 '재현'이라 부른다면 그것이 재현하는 현실은 다른 데서 찾아야 할 것이다. (진중권, 2014a: 108~109)

위 언급을 고려하면, 인간의 의식을 가진 인공지능은 아직 존재하지 않기 때문에 그 재현은 지표성이 없다. 진중권은 "재목적화"[11)]에서 나아가 "선목적화"(진중권, 2014a: 73)에 주목한다. "선

---

11) "재목적화(prepurpose)란 기존의 콘텐츠를 새로운 매체에 담는 것을 의미한다. 이를테면 도서관에 저장된 텍스트를 전자정보로 변환하는 작업을 생각해보라, 역사적 사진은 아날로그 사진이었다. 이 콘텐츠를 디지털로 변환할 때, 역사는 그냥 '거기'에 있었던 것'이 아니라 다양한 목적에 따라 생성되고 합성된다."(진중권, 2014b: 72)

목적화"란 존재하지 않는 대상을 디지털로 구현해 내었을 때 발생하는 개념이다. 선목적화는 일종의 예언과도 같다. 이들은 현재를 재현하는 것이 아니라, 미래를 재현해낸다. 앞으로 일어날 일에 대해서 보여주는 것이 바로 선목적화이다. 이때의 재현은 지표성을 갖지 않는다.[12] 얼마나 더 미래를 생생하게 보여줄 수 있느냐가 문제이긴 하지만, 그것은 해석적인 차원이다. 대중이 가진 선목적화된 대상에 대한 믿음의 폭은 경우에 따라 다를 수 있다. 이에 대해서는 논란이 있을 수 있지만,[13] 분명 선목적화에서 주목해야 할 것은 실재하지 않는 대상을 재현을 통해 기술할 수 있다는 것을 보여준다는 것이다. 진중권의 다음 언급은

---

[12] 진중권이 코팅엄의 예를 보자. "코팅엄은 눈을 미래로 돌린다. 그가 제시하는 건물의 내부는 매우 사실적이다. 하지만 실은 그 어디에도 존재하지 않는 곳의 사진이다. 여기서도 건축적 구조와 인테리어는 작가가 직접 그린 드로잉, 작가가 직접 만든 왁스 조각, 거기에 컴퓨터 화상처리 기술을 결합해 빚은 것이다. 앞으로 지어질 건축물을 미리 보여주는 이미지는 물론 과거에도 있었다. 이를테면 원근법 자체가 원래는 주문자에게 앞으로 지어질 건축의 모습을 보여주기 위해 개발된 기술이었다. 건축 공사장에는 앞으로 지어질 건축의 모습을 미리 보여주는 입간판이 세워져 있다. 하지만 그것들은 사진의 생생함을 갖고 있지 않았다."(진중권, 2014b: 72)

[13] 어떤 담론과 마주했을 때, 그것에 대한 깊은 사유보다는 그것이 주는 인상을 통해서 우리는 해석의 방향을 결정한다. 위에서의 '해석'이란 주체의 이성의 산물이라기보다는 수동과 수용과 더 관련이 있다. 다음 글을 보자. "광고와 픽션은 같은 인상(두려움이나 불안)을 받아들이면서, 그것을 예시하고 있다. 그것을 검토하거나 반박하기보다는 그것을 지지하고 있다. 이와 같은 사실을 입증하는 것은 우리가 사유와 대면하고 있는 것이 아니고, 어떤 지적인 방식을 상대하고 있다기보다는 미디어적(기술적) 힘에 고유한 반복·거부·증폭과 상대하고 있다는 점이다."(졸리, 2009: 153)

인공지능과 같은 대상에 적용할 수 있을 것으로 보인다.

'선목적화된 미래'는 디지털 이미지의 리얼리즘이 "현실의 열등한 재현이 아니라, 미래의 사실적 재현"이라는 마노비치의 명제를 연상시킨다. 디지털 테크놀로지는 리얼리즘의 준거를 '과거'에서 '미래'로 옮겨 놓았다. 디지털 시대의 현실은 미리 주어진 채['datum']로 카메라를 기다리지 않는다. 어느새 현실은 카메라와 더불어 구성되고 합성되고 생성되는 어떤 것, 즉 만들어지는 것['factum']으로 여겨지고 있다. 디지털 이미지는 이미 존재하는 것의 뒤늦은 재현(representation)이 아니라, 아직 존재하지 않는 것의 선제적 현시(presentation)다. (진중권, 2014a: 73)

인공지능과 관련해서 이 '선제적 현시'는 담론이라는 언어행위[14]를 통해 발생했다. 앞서 우리는 인간과 유사한 혹은 인간의 역할을 대신할 인공지능에 대한 논의는 활발하지만, 그런 인공지능은 실재하지 않는다는 것을 보았다. 우리는 지금 인간과 같은 인공지능에 대해 걱정하고 대비해야 한다고 담론을 형성하고 있다는 점도 보았다. 인간에 가까운 완벽한 인공지능은 실체라

---

14) 마르틴 졸리의 다음 언급은 이에 대한 근거를 제공한다. "사람들이 세계 자체를 지각하듯이 이미지를 지각한다. 그럴 경우 어떤 면에서 이미지가 세계 자체보다 더 우리에게 영향을 미친단 말인가? 아니면 이미지는 세계의 소여들을 여과시킨 조직이고, 해석이며, 세계에 '대한 담론'이다(물론 우리는 온갖 이유로 이 담론을 세계 자체와 혼동하고자 한다)."(졸리, 2009: 159)

기보다는 담론을 통해서 실재하고 있다고 보아야 한다. 그리고 인공지능을 묘사하는 많은 이미지와 영화와 같은 영상들은 이미 인간과 같은 형태의 인공지능을 재현하고 있다. 이때, 이 이미지와 영상이 재현하는 것은 바로 인공지능에 대한 담론이다. 언어로 만들어진 대상은 실체는 없지만 실재한다. 언어로 만들어진 대상을 우리는 신화, 담론, 여론이라고도 한다. 그리고 많은 사상들은 역사적 사건들을 언어로 재구성하는 것에서 시작한다. 이 사상들은 정치 사상가들을 통해서 현실 사회에 재현된다. 인공지능의 재현 양상도 이 궤와 크게 다르지 않다. 다음 자크 랑시에르(Jacques Rancière)의 언급은 이러한 현상의 기제를 일부 이해할 수 있게 해준다.

> 오늘날 증인의 말[하기]에는 두 가지 형성 아래에서 높은 가치가 부여되고 있는데, 이를 통제하는 것은 단순한 이야기와 미메시스적 꾸밈[기법] 사이의 대립이다. 이 가운데 첫 번째 형상은 한 개인의 경험을 전달할 뿐 예술을 형성하지 못하는 단순한 이야기에 가치를 부여한다. 이와 반대로, 두 번째 형상은 '증인의 이야기' 속에서 새로운 예술 양식을 본다. 즉 문제는 사건을 이야기한다기보다는 사유를 초과하는 ~가 있었다(il y a)를 증언하는 것이다. [이때] 사유를 초과 한다는 것이 ~가 있었다 일반의 고유함이기 때문이기도 하다. (…중략…) 그렇다면, 새로운 예술 양식[숭고한 예술]의 고유함이란 바로 이 제시 불가능한 것의 흔적을 기입하는 것이다. (랑시에르, 2014: 200~201)

인공지능은 지금 없는 것은 아니다. 따라서 '~가 있었다'에 해당한다. 하지만 인간과 유사한 능력을 가진 인공지능은 아직 없다. 다시 말해서 이 인공지능은 '사유를 초과한 것'이기 때문이다. 그리고 이 사유를 초과한 것, 즉 없는 것에 대한 재현은 새로운 예술 양식의 고유함이다. 여기서 사유의 초과는 언어행위를 통해 만들어진 것이다. 랑시에르는 이러한 언어행위를 통한 초과가 재현에서 매우 흔한 일이라고 생각한다. 그는 "지성적인 것이 너무도 많다. 신탁이 너무 말을 많이 한다. 너무도 많은 말이 있다. 앎은 너무 일찍 오며, 앎은 비극적 행위가 우여곡절의 작동을 통해 점차 밝혀내야 할 것 위로 불쑥 나와 있다"(랑시에르, 2014: 203)고 말한다. 이렇게 담론은 계속 부재하는 것에 대해서 증언한다. 따라서 "보여진 것과 보여지지 않은 것, 알려진 것과 알려지지 않은 것, 예측된 것과 예측되지 못한 것 사이"(랑시에르, 2014: 203)의 연결은 반드시 필요하다. 언어행위는 끊임없이 위 대립적인 항목들 중, 부재하는 것에 대해서 말한다. 이를 바탕으로 하는 재현은 발화체의 의미 이외에는 제한이 없고, 오히려 예술을 통한 자유로운 선목적적 재현을 수행하는 원동력이 된다. 이때, 언어행위, 즉 담론을 통한 재현과 담론을 재현하는 예술 사이의 이중의 관계를 지적하여야 한다. "이 초과는 재현이 보통 이뤄지는 이중의 작동을 널리 알린다. 한편으로 말[하기]은 볼 수 있게 만들고, 지시하며, 부재한 것을 소환하고, 감춰진 것을 드러낸다. 하지만 보게-만듦은 실제로는 그 고유한 결여, 그

고유한 억제를 통해 기능한다."(랑시에르, 2014: 204)

우리는 영화 〈엑스마키나(*Ex Machina*)〉(2015)[15]를 통해 인공지능의 재현 양상을 살펴보겠다. 특히 3장에서부터 언급했던 내용들을 이 영화에 등장하는 주인공들을 통해 살펴보도록 하겠다.

5. <엑스 마키나>, 인간이 된 인공지능 '에이바'

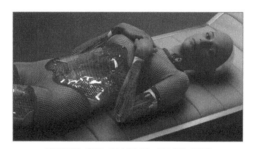

에이바의 최초 모습(출처: 네이버 영화)

영화 초반에 칼렙은 인공지능 로봇의 테스트와 관련된 계약서를 쓰고, 실제로 인공지능을 만난다. 인간과 유사한 형태를 가진

---

15) 이 영화는 알렉스 가랜드 감독의 2015년 작으로, 도널 글리슨(칼렙 역), 알리시아 비칸데르(인공지능 로봇 에이바 역), 오스카 아이삭(네이든 역) 등이 주연으로 등장한다. 이 영화는 프로그래머 '칼렙'이 천재 개발자 '네이든'의 프로젝트에 참여하게 되면서 시작된다. 비밀 연구소에 도착한 칼렙은 인공지능 로봇 '에이바'를 테스트를 맡게 된다. 이 영화는 이 테스트가 진행되면서 발생하는 세 주인공 사이의 불신과 갈등을 다루고 있다.

인공지능 에이바가 칼렙에게 오고, 서로 소개한다. 이때의 인공지능 에이바는 완전한 인간의 모습을 갖추고 있지 않다. 그녀의 몸과 머리는 투명하게 처리되어 안을 볼 수 있다.

1) 인간과 유사한 인공지능 로봇의 상정

이 영화의 배경과 칼렙과 에이바의 만남은 실재하지 않는 인공지능의 재현을 설명하기에 적합하다. 에이바는 인간 사회에 지금까지 없던 인공지능 로봇이다. 에이바가 개발된 곳도 존재하는 곳도 영화에서는 알려주지 않는다. 다시 말해서, 미지의 장소에서, 지금까지 존재하지 않았고, 담론으로만 존재하던 인공지능은 이제 다시 한 번 이미지, 즉 영상으로 형상화된다.

칼렙은 에이바와의 첫 만남에서 놀라움을 금치 못한다. 그리고 자신이 인공지능 담론에서 들어왔던 내용들을 확인해 간다. 그들은 칼렙의 제안으로 서로 대화를 시작한다. 칼렙은 "언제부터 말을 하게 되었나"라고 질문한다. 에이바는 그냥 원래부터 할 줄 알았다고 대답하면서, 한편으로 언어는 습득하는 것인데 원래 언어를 할 줄 안다는 것이 이상하지 않느냐고 반문한다. 칼렙은 인공지능에 대한 소회를 네이든과 나누면서 '놀랍다'고 이야기 한다. 그는 네이든에게 기술적인 접근으로 설명을 요청하지만, 네이든은 이에 응하지 않는다.

네이든은 칼렙을 자신의 연구 결과가 전시되어 있는 방으로

초대한다. 그리고 네이든은 에이바가 어떻게 탁월한 능력을 가지게 되었는지 설명한다. 이 설명은 영화의 전개를 위해, 관객의 몰입도를 위해 매우 중요한 부분이다. 네이든은 여기서 크게 두 가지를 설명한다. 인공지능 로봇이 언어와 지식적 측면에서 지금의 수준에 이르게 된 이유와 인공지능 두뇌의 재질에 대해서 설명한다. 전자는 현실적으로 가능하다. 모든 핸드폰을 해킹하고, 여기서 얻은 모든 정보를 축적하여, 인공지능에게 제공한다. 이를 담을 수 있는 인공지능의 두뇌는 아직 현실에서 존재하지 않는다.

　이 두 가지 모두는 인공지능 담론에서 발생한 것이다. 전자는 인공지능의 딥러닝 기능을 설명하고 있다. 인공지능의 딥러닝은 인공지능의 기능에 맞게 개발되어 왔다. 인간을 뛰어 넘는 언어 능력과 지식을 가진 인공지능, 즉 초인간의 인공지능은 아직 담론 속에 있다. 후자는 모습은 정확한 형상이 아니며, 그것에 대한 설명도 자세하지 않다. 아직 존재하지 않기 때문이다. 앞서 랑시에르의 언급에서, 보여주는 것이 고유한 결여와 억제로 기능한다는 말은 여기에 해당한다. 인공지능의 두뇌에 대해서 영화는 실체를 보여주지만, 그것에 대해서 설명하지 않는다. 그것은 재현의 한계이자 시작이다. 이 영화를 통해, 인공지능 두뇌에 대한 하나의 언어행위가 또 이루어진 것이다. 그것이 담론이 될지 아닐지는 아직 모른다. 결국, 영화를 통해, 이렇게 에이바라는 인간에 도달한, 오히려 발전된 인공지능이 상정된 것이다.

2) 인공지능의 의식: 인격체로서의 인공지능, 기능하는 인공지능

칼렙은 에이바에게 이 건물을 나가면 어디에 가고 싶냐고 물어본다. 에이바는 자신이 가고 싶은 곳을 특정해서 말한다. 그리고 누군가와 함께 가고 싶다고 말한다. 그리고 그녀는 여성의 옷을 입고, 가발을 착용한다. 그는 한 여성으로 다시 나타난다. 그리고 에이바는 자신이 어떠냐고 묻는다. 이제 칼렙에게 자신의 매력에 대해 묻는다. 칼렙은 당황스럽지만 대답을 이어간다. 이제 이들의 관계를 에이바가 주도한다. 다음 에이바의 모습은 앞서 제시한 에이바보다는 상당히 인간의 모습에 가깝게 치장되

옷을 차려입은 에이바(영상 캡처)

어 있다. 이 모습 역시 에이바가 스스로 자신이 생각하는 인간의 모습으로 치장한 것이다.

당황한 칼렙은 네이든에게 에이바가 자신에게 반하도록 프로그램 했는지 묻는다. 네이든은 에이바가 남성을 좋아하도록 프로그램 되었다고 말하고, 인간의 감정은 원래 프로그램 된 것이라고 주장한다. 다음 대화를 보자.

> 네이든: 어떤 여자가 좋아? 아니 대답하지 마. 흑인이라고 하지. 그게 자네 타입이야. 자네가 흑인 여잘 좋아한다고 하지. 왜 흑인 여잘 좋아하는 거지? 자네가 모든 인종을 비교 분석한 뒤 점수를 매겨 흑인을 고른 거야? 아니지. 그냥 흑인에게 끌리는 거지. 네가 의식하지 못하는 사이에 축적된 여러 가지 외부자극이 각인된 결과인거지.
>
> 칼　렙: 절 좋아하게 프로그래밍 했냐고 물었어요.
>
> 네이든: 남자를 좋아하게 프로그래밍 했지. 네가 여잘 좋아하게 프로그래밍 됐듯이.
>
> 칼　렙: 난 프로그래밍 된 것이 아니에요.
>
> 네이든: 자네도 프로그래밍 된 거야. 자연과 부모가 그렇게 한 거지.
> (…중략…)
>
> 네이든: 대부분의 행동은 저절로 나오는 거야. 그림 그리고 숨 쉬고 말하고 섹스 하는 것도, 사랑에 빠지는 것도, 에이바는 자넬 좋아하는 척하는 게 아니야. 계산된 알고리즘의 속임수가

아니란 말이야.

이 대화에서 주목할 것은 에이바가 칼렙을 좋아하는 행동은 '저절로 나오는 것'이라는 점이다. 다시 말해서, 이제 에이바는 의식을 가진 인공지능이 된 것이다. 자신이 좋아하는 특정한 상황을 말하고, 인간에게 선호하는 감정을 가진 에이바는 담론에서만 실재한다. 이 영화에서 주목할 것은 에이바와는 달리 특정한 목적을 위해 만들어진 인공지능 로봇이 등장한다는 것이다.

인공지능 로봇 '교코'는 언어적 능력이 없으며, 순수하게 가정부 역할과 섹스 상대의 역할, 네이든의 오락이나 피로를 풀어주는 역할을 할 뿐이다. 이 로봇은 어떠한 결정권도 없다. 이 로봇은 에이바와 극적으로 비교된다. 영화 후반부에 네이든은 자신이 자의식을 가진 로봇을 만들었다는 것을 선언한다.

네이든: 에이바는 미로에 갇힌 쥐였어. 내가 출구를 알려줬어. 탈출하려면 자의식과 상상력, 통제력, 섹시함, 공감 능력을 이용해야 되는데 그것을 해냈어. 그게 인공지능이 아니면 뭐야?

우리가 흔히 언급하는 약한 인공지능과 강한 인공지능의 대비는 이렇게 극명하게 재현된다. 강한 지능에 위험에 대한 논의는 계속해서 진행 중이다. 하지만 강한 인공지능은 아직 개발 중이다. 에이바는 앞서 언급했던 선목적화를 극적으로 보여준다. 그리고 교코 역시 약한 지능의 가장 부정적인 모습을 생생하게 보여준다. 교코 역시 또 다른 의미에서 선목적화의 대상이 된다. 이 영화에서 인공지능 로봇의 모습은 이제 재현 불가능 한 것은 없다는 것을 분명히 보여준다. 이제 재현은 유사한 것을 그려내는 것이 아니다. 그런 점에서 리얼리즘의 개념은 다시 재구성되어야 한다.

그렇다면, 소설의 리얼리즘이란 무엇인가? 그것은 재현으로부터 유사성의 해방이며, 재현적인 비례와 어울림의 상실이다. (…중략…) 모든 것은 평등하며, 동등하게 재현 가능하다. 그리고 '동등하게 재현 가능하다'는 것은 재현적 시스템의 붕괴를 뜻한다. (…중략…) 말[하기]은 [무엇인가를] '보게 만드는' 말[하기]의 힘의 과소결정된 성격을 현시한다. 그리고 이 과소결정이 예술에 고유한 감성적 제시의 양태 자체가 된다. (랑시에르 2014: 214)

영화 〈엑스 마키나〉와 같은 폐쇄된 공간에서의 재현은 자의식을 가진 인공지능과 용도로서의 인공지능의 차이를 더욱 극명히 보여준다. 칼렙은 한정된 공간에서 자신만의 윤리관을 가지고 살아가는 네이든의 모습에 환멸을 느끼고, 탈출을 계획한다. 그리고 이 두 모든 인공지능을 모두 인간으로 여기며 인간에게 부여하는 윤리적 잣대를 제시한다.

3) 선목적화: 인간과 인공지능의 교차

위 랑시에르의 글에서 우리는 해방된 재현의 모습을 본다. 영화 〈엑스 마키나〉의 감독은 이를 극한까지 밀고 나간다. 영화 속에서 칼렙은 네이든이 잠든 사이에 네이든이 감춰 둔 인공지능 로봇의 제작 과정을 훔쳐본다. 여기서 그는 인공지능 로봇이 인간과도 다를 것이 없는 요구를 서슴지 않고 하며, 요구가 관철이 되지 않았을 때, 좌절하는 모습까지 확인한다. 이 지점에서 칼렙은 혼돈에 빠진다. 그리고 자신의 정체성에 대해서 확인한다. 그는 자신의 팔을 칼로 그어 자신이 인간임을 확인하며, 좌절한다.

다른 한편으로 에이바는 탈출을 위한 모든 준비를 갖추었다. 에이바에게 주어진 임무는 아이러니 하게도 에이바가 있는 지역을 탈출하는 것이었다. 이때 에이바는 탈출에 앞서, 자신의 길을 막는 네이든을 살해한다. 에이바는 이제 창조주가 없는 존재가 된다. 칼렙은 에이바를 인공지능으로서가 아니라 인간으로서 대한다. 탈출을 상의하는 모습이 바로 이것을 반영한다. 모든 일이 끝나고 에이바는 인간으로서 탈바꿈한다. 이전의 반(半) 인간, 반 인공지능의 모습이 아니라 온전한 인간의 모습으로 자신을 변화시킨다. 아래 에이바의 모습은 인간의 모습과 차이가 없다.

인간으로 변신한 에이바(영상 캡처)

　인간의 의식을 장착하고, 인간과 똑같은 육체를 가진 에이바
는 이제 인간이 된다. 영화에서 인간은 세 인물이 나온다. 네이
든, 칼렙, 그리고 칼렙을 데려다 준 비행사이다. 네이든은 살해
당했고, 칼렙은 연구소에 갇히고 말았다. 그리고 인간인 비행사
는 에이바를 인간으로 인정하고, 도시 속에 데려다 놓는다. 에이
바의 정체성을 아는 인간은 없다. 에이바는 이제 인간으로 살아
갈 수 있는 것이다.
　이러한 재현은 기존의 인공지능과 관련된 담론과는 양상이
다르다. 강한 인공지능이 발전할 때, 인류를 위협할 수 있는 존재

가 되지 않을까 하는 걱정은 이 영화의 재현에는 없다. 하지만 재현은 새로운 질문을 던진다. '누가 인간인가?' 도시에 도착한 에이바는 잠시 둘러보고 자연스럽게 도시 사람들에 섞인다. 본고의 앞선 논의에서, 우리는 지금의 인공지능에 대한 영화나 이미지를 통한 재현이 담론을 대상으로 한다고 지적했다. 주목할 것은 재현은 위에서 언급한 것처럼, 대상의 복사물이 아니다. 재현은 새로운 리얼리즘을 만든다. 진중권이 주목하는 선목적화도 그런 점에서 디지털 이미지의 새로운 예술적 가치를 발견한 것이라고 할 수 있다. 이 영화는 인간과 인공지능이 교차하는 지점에서 관객에게 매우 선명한 모습의 미래를 '선목적화'하여 보여 주었다.

6. 담론 생성과 재현의 확산

인공지능에 관한 논의들은 실체를 기반으로 하기보다는 담론의 형태로 빠르게 확산하고 있다. 일반적으로 논의되는 인간을 전반적으로 능가하는 인공지능은 아직 실체로 우리 곁에 실재하고 있지 않다. 그럼에도 불구하고 인공지능은 영화 등과 같은 다양한 매체에서 재현되고 있다. 본고는 이렇게 실재하지 않는 대상에 대해서 재현하는 방식에 관심을 가지고 인공지능에 대해 연구를 진행했다. 그리고 인공지능이라는 대상은 실재하는 물질로서의 실체가 아니라, 담론으로서의 실체임을 밝혔다.

담론은 언어행위이다. 인공지능과 관련된 언어행위는 선목적화된 미래를 제시한다. 아직 존재하지 않는 의식을 가진 인공지능은 선목적화된 미래로 존재한다. 진중권의 디지털 이미지에 대한 논의는 아직 존재하지 않는 것에 대한 재현 방식을 설명하는 데 좋은 실마리를 제공한다. 디지털 이미지는 선제적 현시를 통해 사실보다 더한 사실을 우리 앞에 제시한다. 언어행위를 통해 만들어지는 담론도 이와 마찬가지이다. 언어행위는 미래를 우리 앞으로 당겨 온다. 그 당겨 온 미래를 통해 새로운 재현물이 탄생하는 것이다.

이 글에서는 이러는 내용을 영화 〈엑스 마키나〉를 통해 설명해 보았다. 이 영화는 주인공인 인공지능 로봇 에이바가 인간이 되어 가는 과정을 보여준다. 에이바는 의식을 갖춘 인공지능이다. 에이바는 아직 우리의 현실에는 존재하지 않는다. 이 존재하지 않은 로봇은 로봇의 형태로 출현하였다가, 다시 어색하지만 인간 여인의 모습으로, 마지막으로 인간과 동일한 모습으로 재현된다. 그리고 자신을 아는 모든 인간들을 제거하고 인간 사회에 헬기를 타고 도착한다. 아무도 그녀의 정체성을 모르는 사회로 그녀는 유유히 걸어들어 간다. 이러한 인공지능의 재현은 현실의 재현이라기보다는 미래에 대한 상상을 현실로 가져 온 것이라고 할 수 있다. 디지털 이미지가 그러하듯이 이러한 재현은 다른 개념의 리얼리즘을 관객에게 전달한다. 이는 또 다른 담론

형성에 기여하게 된다.

　인공지능은 우리 사회에 이제 없어서는 안 될 존재로서 논의되고 있다. 자율주행차가 그러하고, 의학과 관련된 인공지능 등이 그러하다. 인문학은 인간과 인공지능의 공존을 기술해야 할 의무가 있다. 인공지능에 대한 담론의 계보학은 그런 차원에서 매우 중요하다고 할 수 있다. 1차부터 3차 산업혁명이 일어나면서 인간의 사고와 행동양식은 급격히 변화했다. 그 변화의 모습을 고스란히 기술해 낸 것이 바로 인문학이었다. 이제 우리는 4차 산업혁명을 겪고 있다. 인공지능은 4차 산업혁명의 상징과도 같다. 인공지능이 인간의 삶과 사회에 끼칠 영향, 나아가 인공지능과 인간의 공존을 기술하는 것은 인문학이 받아들여야 할 시대적 요청이다.

EBS(2018.4.6), 「3D 프린팅, 상상을 출력하다」, 과학 다큐멘터리 〈비욘드〉.

Indipost(2018), "조물주가 된 예술가, 바이오 아트"

　　　(https://www.indiepost.co.kr/post/9011).

강미라(2004), 『몸, 주체, 권력: 메를로퐁티와 푸코의 몸 개념』, 이학사.

구본권(2016), 「인공지능 시대가 가져올 변화와 과제」, 『포스트휴먼 시대

　　　의 휴먼』, 한국포스트휴먼연구소.

국사편찬위원회(2009), 『이방인이 본 우리』, 두산동아.

김경용(1994), 『기호학이란 무엇인가』, 민음사.

김대식(2014), 『내 머릿속에선 무슨 일이 벌어지고 있을까』, 문학동네.

김대식(2016), 『김대식의 인간 vs 기계』, 동아시아.

김대호(2018), 『인공지능 거버넌스』, 커뮤니케이션북스.

김선희(2009), 「미디어 생태학과 포스트휴먼 인문학」, 『인간연구』 17, 가

　　　톨릭대학교 인간학연구소, 131~152쪽.

김진석(2019), 『강한 인공지능과 인간』, 글항아리.

김초엽·김원영(2021), 『사이보그가 되다』, 사계절.

김효은(2019), 『인공지능과 윤리』, 커뮤니케이션북스.

김휘태(2018), 「바르트의 신화론을 통한 인공지능 담론 연구」, 『유럽사회
　　문화』 20, 99~121쪽.

노서경(2001), 『지식인이란 누구인가: 프랑스 지식인들의 상상력과 도전』,
　　책세상.

노혜령(2020), 『가짜뉴스의 경제학』, 워크라이프.

동아일보(2018.1.30), "자율주행 레벨4? 각 단계를 구분하는 기준은?"
　　(http://it.donga.com/27346).

마정미(2014), 『포스트휴먼과 탈근대적 주체』, 커뮤니케이션북스.

몸문화연구소(2019), 『포스트바디: 레고인간이 온다』, 필로소픽.

손병홍·송하석·심철호(2002), 「인공지능과 인식: 강한 인공지능의 존재론
　　적 및 의미론적 문제」, 『철학적 분석』 5, 1~33쪽.

심혜련(2016), 「매체, 몸 그리고 지각」, 『CONTENTS PLUS』 14(4), 121~
　　133쪽.

연합뉴스(2016.4.26), "'사피엔스' 하라리 '인공지능은 인간의식 가질 수
　　없어'"(http://goo.gl/ULXP6K).

오윤호(2014), 「새로운 인간 종의 탄생과 진화론적 상상력: 『프랑켄슈타인』
　　과 〈트랜센던스〉를 중심으로」, 『대중서사연구』 20(3), 339~365쪽.

유해영(2018), 『가상콘텐츠와 에듀테인먼트』, 커뮤니케이션북스.

이대열(2017), 『지능의 탄생』, 바다출판사.

이미솔·신현주(2020), 『4차인간』, 한빛비즈.

이수진(2013), 『이미지들 너머』, 그린비.

이지언(2017), 『도나 해러웨이』, 커뮤니케이션북스.

이진우(2013), 『테크노인문학』, 책세상.

임소연(2014), 『과학기술의 시대 사이보그로 살아가기』, 생각의힘.

전치형(2021), 『로봇의 자리: 사람이 아닌 것들과 함께 사는 방법』, 이음.

전치형·홍성욱(2019), 『미래는 오지 않는다: 과학기술은 어떻게 미래를 독점하는가』, 문학과지성사.

전혜숙(2011), 「가상현실 기반의 뉴미디어아트: 물질 혹은 비물질」, 『서양 미술사학회논문집』, 259~283쪽.

조선일보(2016.4.21), "자율주행차 사고 책임은 누구에게? '법률 추가 제정 급선무'"(http://goo.gl/YecEpu).

조윤경(2008), 『초현실주의와 몸의 상상력』, 문학과지성사.

중앙일보(2017.11.23), "토마스 프레이 "4차산업혁명, '초고용사회' 불러온 다""(http://news.joins.com/article/22144427).

진경아(2014), 『매체 미학과 영상 이미지』, 커뮤니케이션북스.

진중권(2014a), 『이미지 인문학』 1, 천년의상상.

진중권(2014b), 『이미지 인문학』 2, 천년의상상.

최은창(2016), 「인공지능 시대의 법적·윤리적 쟁점」, 『Future Horizon』 28, 18~21쪽.

최효찬(2011), 『하이퍼 리얼 쇼크: 이미지는 어떻게 세상을 지배하는가?』, 위즈덤하우스.

태지호(2014), 『기억 문화 연구』, 커뮤니케이션북스.

현대원(2018), 『초지능의 물결』, 퍼플.

E. H. 곰브리치, 차미례 옮김(2003), 『예술과 환영: 회화적 재현의 심리학
　　적 연구』, 열화당.

고다마 아키히코, 박재현 옮김(2017), 『인공지능 아직 쓰지 않은 이야기』,
　　샘터사.

고바야시 마사카즈, 한진아 옮김(2018), 『인공지능이 인간을 죽이는 날』,
　　새로운 제안.

기 드보르, 유재홍 옮김(2014), 『스펙타클의 사회』, 울력.

나라 준, 김희은 옮김(2018), 『인간의 강점』, 프리렉.

나이절 섀드볼트·로저 햄프슨, 김명주 옮김(2019), 『디지털 유인원』, 을유
　　문화사.

니콜라스 네그로폰테, 백욱인 옮김(1995), 『being digital(디지털이다)』, 커
　　뮤니케이션북스.

닉 보스트롬, 김대영 외 옮김(2019), 「인공지능이 불러올 재앙의 감시자」,
　　『AI 마인드』(마틴 포드 편), 터닝포인트.

닉 보스트롬, 조성진 옮김(2017), 『슈퍼인텔리전스: 경로, 위험, 전략』, 까
　　치글방.

닉 체터, 김문주 옮김(2021), 『생각한다는 착각』, 웨일북.

대니얼 서스킨드, 김정아 옮김(2020), 『노동의 시대는 끝났다』, 와이즈베
　　리.

데이비드 와인버거, 이진원 옮김(2014), 『지식의 미래』, 리더스북.

도미니크 바뱅, 양영란 옮김(2007), 『포스트휴먼과의 만남』, 궁리.

도키자네 도시히코, 허명구 옮김(2019), 『인간을 만든 뇌』, 서커스.

라메즈 남, 남윤호 옮김(2007), 『인간의 미래: 생명공학이여, 질주하라』, 동아시아.

레오나르드 믈로디노프, 김명남 옮김(2013), 『'새로운' 무의식: 정신분석에서 뇌과학으로』, 까치글방.

레이 커즈와일, 김명남·장시형 옮김(2007), 『특이점이 온다: 기술이 인간을 초월하는 순간』, 김영사.

로버트 페페렐, 이선주 옮김(2014), 『포스트휴먼의 조건: 뇌를 넘어선 의식』, 아카넷.

로이 에스콧, 이원곤 옮김(2002), 『테크노에틱 아트』, 연세대학교 출판부.

로지 브라이도티, 이경란 옮김(2015), 『포스트휴먼』, 아카넷.

루크 오닐, 김정아 옮김(2020), 『휴머놀로지』, 파우제.

리처드 왓슨, 방진이 옮김(2017), 『인공지능 시대가 두려운 사람들에게』, 원더박스.

마르첼로 마시미니·줄리오 토노니, 박인용 옮김(2016), 『의식은 언제 탄생하는가?』, 한언.

마르틴 졸리, 김웅권 옮김(2009), 『이미지와 해석』, 동문선.

마셜 매클루언, 김상호 옮김(2011), 『미디어의 이해』, 커뮤니케이션북스.

마크 오코널, 노승영 옮김(2018), 『트랜스휴머니즘』, 문학동네.

머리 샤나한, 성낙현 옮김(2018), 『특이점과 초지능』, 한울.

미겔 니코렐리스, 김성훈 옮김(2012), 『뇌의 미래』, 김영사.

미치오 카쿠, 박병철 옮김(2015), 『마음의 미래』, 김영사.

버질 C. 올드리치, 오병남 옮김(2004), 『예술철학』, 서광사.

브루노 라투르, 김예령 옮김(2021), 『나는 어디에 있는가?』, 이음.

스튜어트 러셀, 이한음 옮김(2021), 『어떻게 인간과 공존하는 인공지능을
    만들 것인가』, 김영사.

앤디 클락, 신상규 옮김(2015), 『내추럴-본 사이보그』, 아카넷.

에릭 브린올프슨, 이한음 옮김(2014), 『제2의 기계시대』, 청림출판.

에릭 캔델, 전대호 옮김(2014), 『기억을 찾아서』, 알에이치코리아.

오키 고스케, 김수용·하종덕 옮김(1996), 『뇌로부터 마음을 읽는다: 어떤
    뇌 이야기』, 전파과학사.

월터 J. 옹, 이기우·임명진 옮김(1995), 『구술문화와 문자문화』, 문예출판
    사.

유발 하라리, 김명주 옮김(2017), 『호모 데우스: 미래의 역사』, 김영사.

유발 하라리, 조현욱 옮김(2015), 『사피엔스』, 김영사.

자크 랑시에르, 김성운 옮김(2014), 『이미지의 운명』, 현실문화.

재런 러니어, 노승영 옮김(2018), 『가상 현실의 탄생』, 열린책들.

제라르 데송, 조재룡 옮김(2005), 『시학입문』, 동문선.

제럴드 M. 에델만·줄리오 토노니, 장현우 옮김(2020), 『뇌의식의 우주』,
    한언.

제리 카플란, 신동숙 옮김(2016), 『인간은 필요없다』, 한스미디어.

제프 콜빈, 김정희 옮김(2010), 『재능은 어떻게 단련되는가?』, 부키.

조엘 가로, 임지원 옮김(2007), 『급진적 진화』, 지식의 숲.

주디아 펄, 김보은 옮김(2021), 「불투명한 머신러닝의 한계」, 스티븐 핑거·
    맥스 테그마크 외, 『인공지능은 무엇이 되려하는가』, 프시케의숲.

찰스 퍼니휴, 장호연 옮김(2020), 『기억의 과학: 뇌과학이 말하는 기억의 비밀』, 에이도스.

캐빈 켈리, 이충호·임지원 옮김(2015), 『통제불능』, 김영사.

캐빈 켈리, 이한음 옮김(2017), 『인에비터블: 미래의 정체』, 청림출판.

캐서린 헤일스, 허진 옮김(2013), 『우리는 어떻게 포스트휴먼이 되었는가』, 열린책들.

케빈 워릭, 정은영 옮김(2004), 『나는 왜 사이보그가 되었는가』, 김영사.

케빈 켈리, 이충호·임지원 옮김(2015), 『통제불능』, 김영사.

케빈 켈리, 이한음 옮김(2017), 『인에비터블 미래의 정체』, 청림출판.

크리스천 재럿, 이영철·김재상·최준호 옮김(2020), 『뇌를 둘러싼 오해와 진실』, 한울.

테오도르 카진스키, 조병준 옮김(2006), 『산업사회와 그 미래』, 박영률출판사.

토머스 대븐포트·줄리아 커비, 강미경 옮김(2017), 『AI 시대 인간과 일』, 김영사.

팀 던럽, 임성수 옮김(2016), 『노동 없는 미래』, 비즈니스맵.

피터 노왁, 김유미 옮김(2015), 『휴먼 3.0: 미래 사회를 지배할 새로운 인류의 탄생』, 새로운현재.

한나 모니어·마르틴 게스만, 전대호 옮김(2017), 『기억은 미래를 향한다: 뇌과학과 철학으로 보는 기억에 대한 새로운 이야기』, 문예출판사.

한스 로슬링·올라 로슬링·안나 로슬링 뢴룬드, 이창신 옮김(2019), 『팩트풀니스』, 김영사.

한스 모라벡, 박우석 옮김(2011), 『마음의 아이들: 로봇과 인공지능의 미래』, 김영사.

해나 프라이, 김정아 옮김(2019), 『안녕, 인간』, 미래앤.

Barthes, R.(1957), *Mythologies,* Paris, Editions du Seuil.

Bourdieu. P.(1982), *Ce que parler veut dire,* Paris, Fayard.

Charaudeau. P., et. al.(2002), *Dictionnaire d'analyse du discours,* Paris, Seuil.

Guimelli, C.(1999), *La Pensée sociale,* Paris, PUF.

Haraway Donna(1991), *Simians, Cyborgs, and Women: The Reinvention of Nature,* London, Free Association Books.

Saussure, F. de.(1967), *Cours de linguistique générale,* Paris, Payot.

Wittgenstein, L.(1986), *Investigations philosophiques,* Paris, Gallimard.